Certified BIO2 Professional

–

Foundation (CBP-F)

Colofon

Titel:	Certified BIO2 Professional – Foundation (CBP-F) - Baseline Informatiebeveiliging Overheid Courseware
Auteurs:	Ruben Zeegers
Uitgever:	Van Haren Publishing, 's-Hertogenbosch
ISBN Paperback:	978 94 018 1273 3
Druk:	Eerste editie, eerste oplage, oktober 2020 Tweede editie, eerste oplage, januari 2025
Vormgeving:	Van Haren Publishing, 's-Hertogenbosch
Copyright:	© Van Haren Publishing 2025

Voor verdere informatie over Van Haren Publishing, e-mail naar: info@vanharen.net

Over deze courseware

Deze courseware is opgesteld door experts in het vakgebied van Business informatiemanagement, met veel praktijkervaring op het gebied van het produceren en verzorgen van trainingen. De input voor het materiaal bestaat uit bestaande publicaties en de ervaring en expertise van de auteur(s). Het materiaal sluit aan op de exameneisen van APMG en is tevens door APMG geaccrediteerd.

Het doel van de courseware is om de trainer en cursist maximaal te ondersteunen bij zijn of haar opleiding/cursus of voorbereiding op een examen. Het materiaal is modulair opgebouwd en sluit qua opbouw en volgorde aan op de hoofdstukindeling van het BiSL-frameworkboek en op de exameneisen van het BiSL Foundation-examen van APMG.

Om de trainer en deelnemer van de training optimaal te ondersteunen in de beheersing van de theorie, zijn er oefenexamens, opdrachten en uitwerkingen toegevoegd aan het materiaal. Tevens zijn discussievragen opgenomen waarin veelal een verwijzing is opgenomen naar de eigen ervaringen van de cursisten om zo de vertaling van praktijk naar theorie te maken, waardoor de leerstof mogelijk beter "landt".

Waar van toepassing en noodzakelijk voor het Foundation-examen wordt in de sheets verwezen naar de bijbehorende literatuur, waarin de cursist additionele informatie kan vinden over een bepaald onderwerp. Op alle pagina's is voldoende ruimte opengelaten voor het maken van persoonlijke aantekeningen. Er zijn dus geen aparte notitiepagina's opgenomen.

Dit courseware-pakket is compleet, en het biedt voldoende vrijheid aan de trainer om in zijn verhaal af te wijken van de opbouw van de sheets ofwel om niet alle sheets of opdrachten te behandelen. En hopelijk voegt de trainer eigen ervaringen en voorbeelden toe! De cursist heeft altijd zelf de mogelijkheid deze onderwerpen in eigen tijd nogmaals door te nemen. Dit wordt eenvoudig gemaakt doordat deze courseware en het BiSL-frameworkboek dezelfde structuur hebben.

De laatste module bevat enkele tips en trucs voor het examen. Daarmee vormt deze courseware, samen met het frameworkboek, de perfecte combinatie om de theorie eigen te maken en goed te begrijpen.

Andere uitgaven van Van Haren Publishing

Van Haren Publishing (VHP) is gespecialiseerd in uitgaven op gebied van Best Practices, methodes en standaarden in de volgende vier domeinen:

- IT en IT Management
- Architectuur (Enterprise en IT)
- Business Management en
- Project Management

Van Haren Publishing publiceert ook voor organisaties en bedrijven zoals: ASLBiSL Foundation, BRMI, CA, Centre Henri Tudor, Gaming Works, IACCM, IAOP, IFDC, Innovation Value Institute, IPMA-NL, ITSqc, NAF, KNVI, PMI-NL, PON, The Open Group, The SOX Institute.

Onderwerpen zijn (per domein):

IT and IT Management
ABC of ICT
ASL®
CATS
CM®
CMMI®
COBIT®
e-CF
ISO/IEC 20000
ISO/IEC 27001/27002
ISPL
IT4IT®
IT-CMF™
IT Service CMM
ITIL®
MOF
MSF
SABSA
SAF
SIAM™
TRIM
VeriSM™

Enterprise Architecture
ArchiMate®
GEA®
Novius Architectuur Methode
TOGAF®

Business Management
BABOK® Guide
BiSL® and BiSL® Next
BRMBOK™
BTF
EFQM
eSCM
IACCM
ISA-95
ISO 9000/9001
OPBOK
SixSigma
SOX
SqEME®

Project Management
A4-Projectmanagement
DSDM/Atern
ICB / NCB
ISO 21500
MINCE®
M_o_R®
MSP®
P3O®
PMBOK® Guide
Praxis®
PRINCE2®

Voor de meest recente informatie over VHP uitgaven, bezoek onze website: www.vanharen.net.

Inhoudsopgave

Diagram Zelfreflectie op begrip

Met dit diagram kun je je kennis en begrip van het materiaal evalueren. Vul hem in om te kijken hoe je ervoor staat. Om voor het examen te slagen zou je ernaar moeten streven om in het bovenste gedeelte van niveau 3 uit te komen. Wil je echt een pro worden? Richt je pijlen dan op niveau 4. Je algemene niveau van begrip zal natuurlijk de leercurve volgen. Daarom is het belangrijk dat je op ieder moment van de training weet waar je zit in het diagram en dat je aandacht besteedt aan de knelpunten. Op basis van je positie in het diagram Zelfreflectie op begrip, kun je de voortgang van je eigen training evalueren.

Niveau van begrip	*Voor de training (voorkennis)*	*Training Deel 1 (1ste helft)*	*Training Deel 2 (2de helft)*	*Nadat je het boek hebt doorgenomen en hebt gestudeerd*	*Nadat je de oefeningen en het proefexamen gemaakt hebt*
Niveau 4 Ik kan de inhoud begrijpen en toepassen.					
Niveau 3 Ik snap het! Ik zit op de goede weg					Klaar voor het examen!
Niveau 2 Ik begrijp het bijna. Ik zou nog wat oefening kunnen gebruiken.					
Niveau 1 Ik leer, maar begrijp het nog niet echt.					

(Diagram Zelfreflectie op begrip)

Noteer welke knelpunten je nog tegenkomt zodat je ze zelf of met je trainer kunt oplossen. Evalueer daarna met behulp van het diagram of je beter begrijpt waar je staat op de leercurve.

Probleemoplossing

	Knelpunt:	*Onderwerp:*
Deel 1		
Deel 2		
Nadat je het boek hebt doorgenomen en hebt gestudeerd		
Nadat je oefeningen en het proefexamen hebt gemaakt		

Agenda

Dag 1

9:00 - 9:30	**Introductie** Kennismaking, over de training en examen
9:30 - 12:00	**Module 1:** Begrippen en inleiding BIO
12:00 - 12:45	Lunch
12:45 - 17:00	**Module 2:** Organisatorische maatregelen **Praktijkopdracht** Risicoanalyse

Dag 2

9:00 - 12:00	**Begrippenbespreking** Gezamenlijke bespreking dag 1 **Module 3:** Mensgerichte en Fysieke maatregelen
12:00 - 12:45	Lunch
12:45 - 17:00	**Module 4:** Technologische maatregelen **Praktijkopdracht** ISMS

Syllabus

Certified BIO2 Professional (CBP) Foundation

Dit materiaal bevat diagrammen en teksten gebaseerd op:
Foundation training Baseline Informatiebeveiliging Overheid

Inhoudsopgave

Beschrijving

Deze syllabus beschrijft de examinering voor Certified BIO2 Professional Foundation (CBP-F). Dit betreft de certificering voor de Baseline Informatiebeveiliging Overheid (BIO). De BIO2 stelt een gezamenlijk basisniveau voor informatiebeveiliging voor alle overheidsorganisaties. Met een CBP-certificering is kennis van informatiebeveiliging binnen de overheid aantoonbaar.

Samenvatting

De CBP-F-certificering bestaat uit training, een praktijkopdracht en een examen. Door de praktijkopdracht wordt praktische toepasbaarheid van de BIO getest. Met het examen wordt kennis van de BIO2 getoetst.

Belangrijke voordelen van certificering

- Aantoonbare kennis van begrippen en principes van de BIO.
- Vertaling van de BIO naar de praktijk.

Doelgroep

De CBP-F-certificering is voor iedereen die werkt bij het Rijk, Gemeenten, Waterschappen of Provincies en betrokken is bij de implementatie of voortzetting van de Baseline Informatiebeveiliging Overheid. De certificering is ook geschikt voor wie meer inzicht wil krijgen in de BIO2, maar hierin niet direct een functie heeft, zoals overheidsadviseurs of organisaties die diensten leveren aan de Overheid.

Functies waarvoor de CBP-certificering in ieder geval geschikt is:

- CISO's
- Informatiebeveiligingsfunctionarissen
- Medewerkers die een specifieke rol in informatiebeveiliging hebben
- Medewerkers bij toeleveranciers die kennis van de BIO nodig hebben
- Managers

Over BIO2- en CBP-F-certificering

De BIO2 is de verplichte standaard voor Informatiebeveiliging voor Rijk, Provincies, Waterschappen en Gemeentes. De BIO2 wordt aanbevolen voor andere overheidsorganisaties, publiek-private samenwerkingen en organisaties waarbij de overheid de enige aandeelhouder is.

Achtergrond BIO2

De BIO is een baseline waarbij uitgegaan wordt van een minimaal (verplicht) niveau van beveiliging. Zie meer over de BIO2 op: https://bio-overheid.nl

CBP-F-Certificering

De BIO2 is dus de standaard voor informatiebeveiliging van de Nederlandse Overheid. Professionals die Certified BIO2 Professional zijn hebben kennis over deze BIO-standaard en zijn in staat hier in de praktijk invulling aan te geven.

Certificeringseisen

Certificering bestaat uit drie vereiste onderdelen:

- 16 uur training (inclusief praktijkopdracht)

- behalen van de praktijkopdracht
- behalen van het multiple-choice examen

Training en praktijkopdracht

Training is een verplicht onderdeel voor CBP-certificering. Tijdens de training wordt invulling gegeven aan de praktijkopdracht. CBP-certificering kan alleen door training te volgen bij erkende CBP-trainingsaanbieders. Een erkende CBP-trainingsaanbieder is: https://bio-training.nl

Studie inspanning (ECTS)

De verwachte te leveren studie inspanning bedraagt 24 uur. Het aantal contact-uren voor de BIO Foundation cursus bedraagt 16 uur en daarnaast 8 uur zelfstudie. Er wordt niet verwacht dat de cursist diepgaande kennis heeft betreffende informatiebeveiliging. Echter moet er wel een basisniveau zijn betreffende belangrijkste begrippen en best practices van informatiebeveiliging.

Leerdoel classificatie

De BIO Foundation certificering volgt de Bloom levels 1 en 2.
Volgens de Bloom Taxonomie houdt dat het volgende in:

1. Onthouden: De cursist wordt getest op de volgende vaardigheden: het herkennen en onthouden van feiten, termen, basale concepten of antwoorden op vragen zonder het precies te begrijpen.
2. Begrijpen: De cursist wordt getest op de volgende vaardigheden: het laten zien van begrip van feiten en ideeën, door te organiseren, te vergelijken of uitleg te geven.

Examen

Aantal multiple choice vragen:	60
Duur (minuten) van het examen:	60 min.
Minimaal te behalen score voor slagen:	70%
Open/Gesloten boek:	Gesloten
Taal:	Nederlands
Fysiek exemplaar & online beschikbaarheid:	Alleen online beschikbaar
Zijn negatieve vragen onderdeel van het examen: (welke van de volgende is NIET juist)	Ja, leesvaardigheid wordt ook getest
Zijn er vragen waarbij meerdere antwoorden worden gevraagd.	Ja, dit maakt een detail georiënteerd examen mogelijk

Literatuur

Van Haren Publishing is leverancier van de officiële CBP-literatuur.

BIO2 Professional - Foundation (CBP-F) Courseware	Certified BIO2 Professional – (CBP-F) Baseline Informatiebeveiliging Overheid - Courseware - Nederlands: ISBN 9789401812733

Aanvullende documentatie:

Baseline Informatiebeveiliging Overheid	https://bio-overheid.nl/category/producten
NEN-ISO/IEC 27001 en de NEN-ISO/IEC 27002	https://www.nen.nl
Informatiebeveiligingsdienst	https://www.informatiebeveiligingsdienst.nl

Regelgeving en beleid

Certified BIO2 Professional is een term en een begrip die kwaliteit en een hoge mate van kennis en kunde aantoont. Fraude wordt in geen enkele situatie toegestaan. Als fraude wordt gedetecteerd via het CertN platform (smart examen platform), dan zal de cursist direct zakken voor het examen en geen certificaat ontvangen. De gemaakte kosten voor het examen en/of de cursus worden niet vergoed.

Wanneer iemand niet slaagt voor het examen, omdat niet er niet genoeg goede antwoorden zijn gegeven en er niet voldaan wordt aan het minimale aantal om te slagen (70%) dan zal die persoon ook niet slagen in het behalen de certificering. Een cursist kan eenmaal het examen afnemen per keer dat het examen besteld is. Wanneer de persoon niet slaagt voor het examen, moet er een nieuw examen worden besteld en succesvol worden afgenomen om alsnog gecertificeerd te raken.

Leerdoelen Certified BIO2 Professional

De leerdoelen geven weer wat deelnemers moeten kennen om Certified BIO Professional te worden. Deelnemers moeten de BIO begrijpen en toe kunnen passen in de praktijk. Het certificaat dat deelnemers na het slagen voor het examen krijgen dient als bewijs dat de deelnemer onderstaande onderdelen uit de BIO begrijpt en weet toe te passen:

- Begrijpen wat de doelen en het toepassingsgebied van de BIO zijn;
- De BBN's begrijpen en deze weten te bepalen voor een proces/organisatie;
- De relatie tussen BBN's en risicomanagement;
- De belangrijkste principes van risicomanagement;
- De belangrijkste rollen ten aanzien van informatiebeveiliging kennen en weten wat deze inhouden;
- Begrijpen wat de vereisten zijn mbt verantwoording over informatiebeveiliging;
- Begrijpen wat een ISMS is conform ISO27001;
- Begrijpen en kunnen duiden welke eisen aan het ISMS uit de ISO27001 voor zijn/ haar organisatie relevant zijn;
- Basisbegrip hebben van verschillende beveiligingsmaatregelen uit de BIO en hoe deze toe te passen.

Exameneisen en -specificatie

Om de leerdoelen af te dekken is de certificering opgedeeld in exameneisen. Deze exameneisen bestaan weer uit gespecifieerde examenspecificaties. Onderstaande tabel beschrijft de verschillende modules (exameneisen) en subonderwerpen (examenspecificaties). Daarnaast geeft het ook de weging aan, die de verhoudingen van de vragen die in het examen worden gesteld laat zien.

Module	Exameneisen	Specificatie	Weging %
1.	Doel en toepassingsgebied van de BIO		10%
1.1		Doel	
1.2		Toepassingsgebied	
1.3		Achtergrond BIO (ISO2700x reeks)	
1.4		Andere relevante normenkaders	
2	Informatiebeveiliging		10%
2.1		Basisconcepten	
2.2		Informatiebeveiligingsbeleid	
3	ISMS		25%
3.1		Management van informatiebeveiliging	
3.2		Algemeen ISMS	
4	Risicomanagement en BBN's		20%
4.1		Risicomanagement begrippen	
4.2		Basis Beveiligingsniveaus (BBN)	
4.3		Risicoanalyse methoden	
5	Governance		20%
5.1		SG, directie, college en raad	
5.2		Management	
5.3		CISO	
5.4		Medewerkers	
6	Verantwoording		5%
6.1		In Control Verklaring	
6.2		Explains	
7	Controls en maatregelen		5%
7.1		ISO maatregelen en overheidsmaatregelen	
7.2		Typen maatregelen (logisch, fysiek en organisatorisch)	
7.3		BBN's en maatregelen	
8	Leveranciers en derde partijen		5%
8.1		Eisen aan leveranciers en derde partijen	
8.2		Overeenkomsten en naleving	

Programma

Aantekeningen:

De **Baseline Informatiebeveiliging Overheid** (BIO) is op 1 januari 2019 van kracht geworden en vormt sindsdien de basisnorm voor informatiebeveiliging binnen alle overheidslagen in Nederland.

De BIO vervangt de voormalige baselines voor informatieveiligheid die specifiek waren voor Rijksoverheid, Gemeenten, Waterschappen en Provincies, en brengt deze samen in één uniforme standaard.

De BIO is gebaseerd op de internationaal erkende **ISO 27001-** en **ISO 27002**-normen voor informatiebeveiliging. Deze normen bieden een gestructureerd kader voor het identificeren en beheren van risico's rondom informatiebeveiliging.

Van Haren Publishing heeft samen met een aantal security professionals uit de praktijk bijgedragen aan de totstandkoming van het Certified BIO Professional (CBP) materiaal, examen en certificering voor CBP-foundation en CBP-Practitioner.

De CBP is dé training voor de BIO en wordt door overheden als standaard en vereiste gesteld.

De initiatiefnemer van de CBP training is **Ruben Zeegers**. Hij is tevens de auteur van deze courseware en hoofdontwikkelaar van het CBP examen. Ruben is een ervaren security professional die sinds 2007 publieke en private organisaties begeleidt met het verder professionaliseren van fysieke beveiliging, informatiebeveiliging en privacy. Ruben is gastdocent, spreker, auteur en tevens eigenaar van adviesbureau Security Risk Watch.

Programma

- Algemeen
- Module 1: Begrippen en inleiding BIO
- Module 2: Organisatorische maatregelen
- Module 3: Fysieke en mensgerichte maatregelen
- Module 4: Technologische maatregelen

Aantekeningen:

Welkom bij deze tweedaagse training! We starten graag met een **voorstelronde**, zodat we iets meer over elkaar te weten komen. In deze groep hebben we vaak deelnemers met diverse achtergronden en uiteenlopende niveau's van kennis en ervaring. Dit maakt dat we elkaar niet alleen kunnen inspireren, maar ook veel van elkaar kunnen leren.

Het doel van deze training is om de BIO (Baseline Informatiebeveiliging Overheid) toepasbaar te maken in jouw eigen praktijk. Door persoonlijke voorbeelden en vragen mee te nemen, zorgen we ervoor dat je deze training optimaal kunt benutten voor jouw groei en leerbehoeften.

We werken bewust in kleine groepen. Dit geeft ons de mogelijkheid om dieper in te gaan op specifieke vragen en onderwerpen die voor jullie belangrijk zijn. Daarom willen we jullie aanmoedigen om tijdens de sessies actief vragen te stellen en ervaringen te delen. Het kan zijn dat iemand anders in de groep op een specifiek onderwerp meer kennis heeft; dat biedt een mooie kans om van elkaar te leren en praktische tips uit te wisselen.

Laten we samen zorgen voor een interactieve en waardevolle training. We kijken ernaar uit om samen met jullie aan de slag te gaan!

Programma

- Algemeen
- Module 1: Begrippen en inleiding BIO
- Module 2: Organisatorische maatregelen
- Module 3: Fysieke en mensgerichte maatregelen
- Module 4: Technologische maatregelen

Agenda

Dag 1

9:00 - 9:30	**Introductie** Kennismaking, over de training en examen
9:30 - 12:00	**Module 1**: Begrippen en inleiding BIO
12:00 - 12:45	Lunch
12:45 - 17:00	**Module 2**: Organisatorische maatregelen **Praktijkopdracht** Risicoanalyse

Dag 2

9:00 - 12:00	**Begrippenbespreking** Gezamenlijke bespreking dag 1 **Module 3**: Mensgerichte en Fysieke maatregelen
12:00 - 12:45	Lunch
12:45 - 17:00	**Module 4**: Technologische maatregelen **Praktijkopdracht** ISMS

Aantekeningen:

Trainingsdoelen

Kennis van informatiebeveiliging voor de overheid

De training geeft u een diepgaand inzicht in de principes en best practices van informatiebeveiliging, specifiek gericht op de overheid.

Kennis van tactisch normenkader

U leert hoe het tactische normenkader van de BIO in de praktijk werkt en hoe dit uw organisatie kan helpen om te voldoen aan de vereisten.

BIO vertaling naar de praktijk

De training gaat verder dan theorie en laat u zien hoe u de BIO kunt toepassen in uw dagelijkse werk.

Aantekeningen:

Programma

- Algemeen

Module 1: Begrippen en inleiding BIO

Module 2: Organisatorische maatregelen

Module 3: Fysieke en mensgerichte maatregelen

Module 4: Technologische maatregelen

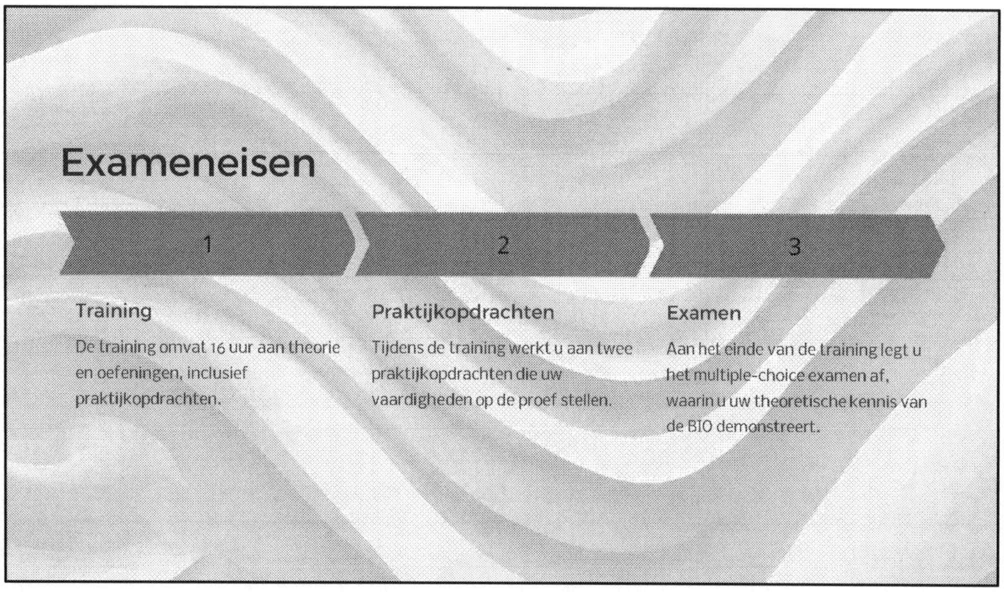

Aantekeningen:

Programma

- Algemeen
- Module 1: Begrippen en inleiding BIO
- Module 2: Organisatorische maatregelen
- Module 3: Fysieke en mensgerichte maatregelen
- Module 4: Technologische maatregelen

Examenspecificaties

60

Vragen

Het examen bestaat uit 60 multiple-choice vragen.

60

Duur

U heeft 60 minuten de tijd om de vragen te beantwoorden.

70%

Cesuur

U moet minimaal 70% van de vragen goed beantwoorden om te slagen.

-

Hulpmiddelen

Er zijn geen hulpmiddelen toegestaan tijdens het examen.

Aantekeningen:

Programma

- Algemeen
- Module 1: Begrippen en inleiding BIO
- Module 2: Organisatorische maatregelen
- Module 3: Fysieke en mensgerichte maatregelen
- Module 4: Technologische maatregelen

Examenstof

Extra Literatuur

BIO 2.0

De BIO 2.0, gepubliceerd op de website van de BIO, biedt een uitgebreide handleiding met alle vereisten en richtlijnen voor informatiebeveiliging binnen de overheid.

ISO 27001/2

ISO 27001 en ISO 27002 vormen de basis voor een Information Security Management System (ISMS). De ISO 27001 beschrijft de eisen voor een ISMS en de ISO 27002 biedt best practices voor de implementatie van controls.

NIS2

De NIS2-richtlijn versterkt de cybersecurity van essentiële diensten door hen te verplichten beveiligingsmaatregelen te nemen en incidenten te melden.

BIO-overheid.nl

De BIO-website is een centrale hub voor informatie over de BIO, inclusief documentatie, trainingen en certificeringen.

Aantekeningen:

De Baseline Informatiebeveiliging Overheid (BIO) is het normenkader voor informatiebeveiliging binnen de Nederlandse overheid, waaronder het Rijk, gemeenten, provincies en waterschappen. De BIO is gebaseerd op de standaarden NEN-ISO/IEC 27001 en 27002 en biedt richtlijnen voor het beschermen van overheidsinformatie en -systemen.
BIO 2.0 wordt behandeld voor het CBP-Foundation examen en dient als een referentiebron voor de onderwerpen die aan bod komen.
ISO 27001 en 27002 zijn nauw verwante normen voor informatiebeveiliging:

- **ISO 27001** biedt een raamwerk voor het opzetten, implementeren, beheren en verbeteren van een Information Security Management System (ISMS). Het helpt organisaties om risico's te identificeren en te beheersen en legt nadruk op beleidsvoering, risicobeoordeling, en audits.
- **ISO 27002** biedt gedetailleerde beveiligingsmaatregelen ter ondersteuning van het ISMS, zoals best practices voor toegangsbeheer, fysieke beveiliging en netwerkbeveiliging. Het fungeert als een praktische aanvulling op ISO 27001.

De **NIS-richtlijn** is een Europese maatregel om de cybersecurity van essentiële diensten te versterken. In 2023 werd NIS vervangen door **NIS2**, die strengere eisen stelt en een bredere groep organisaties omvat.
Op **BIO-overheid.nl** vinden overheidsorganisaties hulpmiddelen voor de implementatie van de BIO, zoals handreikingen, inkoopeisen voor cybersecurity, en praktische BIO-uitwerkingen. Voor ondersteuning kunnen organisaties terecht bij het Centrum Informatiebeveiliging en Privacybescherming (CIP), dat samenwerkt met BIO-overheid.nl.
Kortom, BIO-overheid.nl is een belangrijke bron voor overheidsorganisaties die streven naar een effectieve informatiebeveiliging.

Programma

- Algemeen
- Module 1: Begrippen en inleiding BIO
- Module 2: Organisatorische maatregelen
- Module 3: Fysieke en mensgerichte maatregelen
- Module 4: Technologische maatregelen

Leeswijzer Courseware Boek

Module-indicator

Elk onderdeel van de training is duidelijk gelabeld met een module-indicator, zodat u altijd weet waar u zich in de training bevindt.

Ruimte voor Eigen Aantekeningen

Het courseware bevat ruimte voor uw eigen notities, zodat u de belangrijke punten tijdens de training kunt vastleggen.

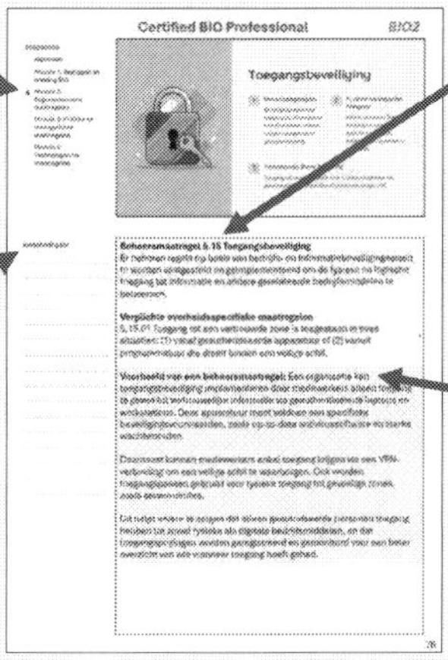

BIO Verwijzing

Het courseware bevat verwijzingen naar relevante hoofdstukken uit de BIO-documentatie, waardoor u de theorie direct kunt raadplegen tijdens de training.

Aanvullende of Verdiepende Informatie

Naast de basisinformatie biedt het courseware aanvullende bronnen, zoals voorbeelden en best practices, om uw kennis te verdiepen.

Aantekeningen:

Programma

- Algemeen
  - Module 1: Begrippen en inleiding BIO
  - Module 2: Organisatorische maatregelen
  - Module 3: Fysieke en mensgerichte maatregelen
  - Module 4: Technologische maatregelen

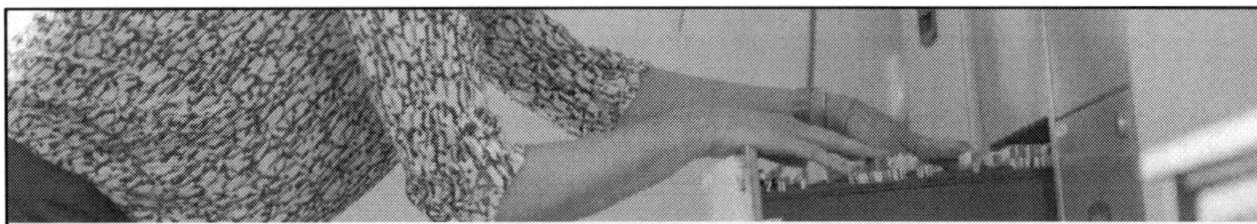

Referentie bronnen

CIP

INFORMATIE BEVEILIGINGS DIENST

Cip-overheid.nl

Deze website biedt informatie over de Nederlandse overheid en haar diensten, met specifieke focus op informatiebeveiliging.

Informatiebeveiligingsdienst.nl

De website van de Informatiebeveiligingsdienst (IBD) is een belangrijke bron voor kennis over informatiebeveiliging binnen de overheid.

Digitaleoverheid.nl

Deze website is een initiatief van de Nederlandse overheid om de digitale dienstverlening te verbeteren.

Aantekeningen:

Programma

- Algemeen
- Module 1: Begrippen en inleiding BIO
- Module 2: Organisatorische maatregelen
- Module 3: Fysieke en mensgerichte maatregelen
- Module 4: Technologische maatregelen

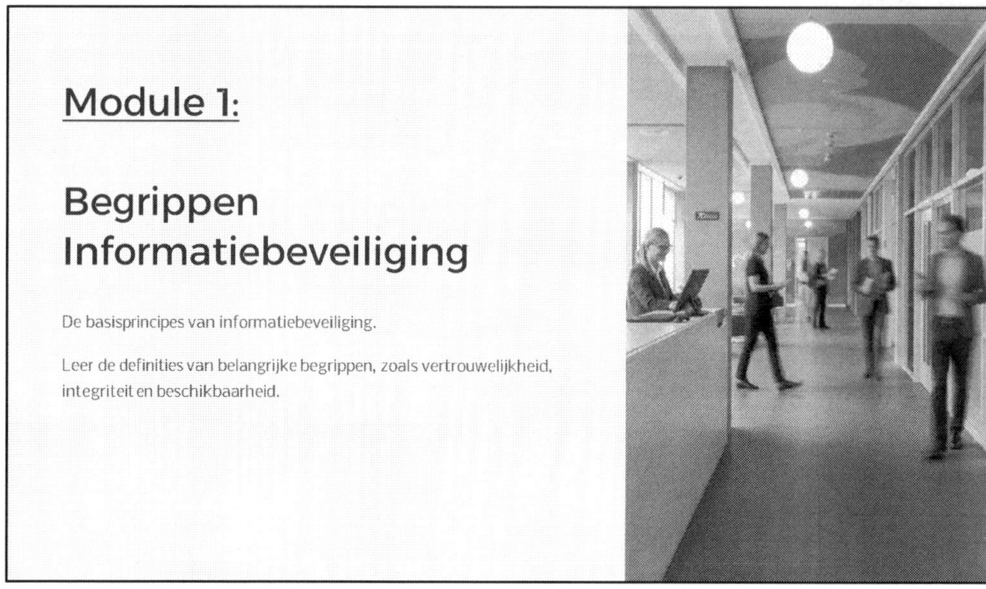

Aantekeningen:

Basisbegrippen van Informatiebeveiliging
Het kennen en begrijpen van deze begrippen is essentieel, zowel voor de implementatie van maatregelen als voor het creëren van bewustzijn binnen een organisatie. Dit document bespreekt de belangrijkste begrippen, hun betekenis, en waarom ze belangrijk zijn in de praktijk.

Belang van deze Begrippen
<u>Eigen kennis</u>
Het kennen van deze begrippen stelt professionals in staat om geïnformeerde beslissingen te nemen en adequaat te reageren op beveiligingsuitdagingen. Zonder deze kennis is het moeilijk om risico's te begrijpen of passende maatregelen te nemen.
<u>Kennisdeling binnen de organisatie</u>
Het uitleggen van deze begrippen aan collega's en stakeholders bevordert een gezamenlijk begrip van informatiebeveiliging. Dit leidt tot een cultuur van beveiligingsbewustzijn, wat essentieel is voor het succes van beveiligingsinitiatieven.
<u>Compliance en regelgeving</u>
Veel van deze begrippen, zoals persoonsgegevens en risicomanagement, zijn verweven met wettelijke vereisten. Het begrijpen van deze concepten helpt organisaties te voldoen aan regelgeving en voorkomt boetes of andere sancties.
<u>Effectieve implementatie van maatregelen</u>
Het implementeren van beveiligingsmaatregelen zonder de onderliggende begrippen te begrijpen, kan leiden tot ineffectieve of zelfs contraproductieve resultaten. Kennis van deze begrippen zorgt ervoor dat maatregelen goed worden afgestemd op risico's en bedrijfsdoelen.
<u>De Belangrijkste Begrippen</u>
Betrouwbaarheidsaspecten, Persoonsgegevens, Veiligheidsdomeinen, Risico's, Maatregelen, Bedrijfsmiddel, Waarde van bedrijfsmiddelen, Kwetsbaarheid, Dreiging, Risico, Incident, Schade, Risicomanagement, Risicoanalyse, Controls en overheidsmaatregelen, Classificatie, PDCA, ISMS

Programma

- Algemeen
- ● Module 1: Begrippen en inleiding BIO
- Module 2: Organisatorische maatregelen
- Module 3: Fysieke en mensgerichte maatregelen
- Module 4: Technologische maatregelen

Definitie van Informatiebeveiliging

Een samenhangend pakket van maatregelen om de informatierisico's

van de organisatie beheersbaar te maken,

door de beschikbaarheid, integriteit en vertrouwelijkheid van

informatie te beschermen tegen ongewenste incidenten.

Aantekeningen:

Definitie van informatiebeveiliging

Informatiebeveiliging kent wereldwijd geen uniforme definitie, maar de kernprincipes **beschikbaarheid**, **integriteit** en **vertrouwelijkheid** staan centraal.

Het beheersen van informatierisico's vereist een samenhangend pakket maatregelen dat aansluit op een risico-gestuurde aanpak.
Deze aanpak is essentieel, zeker binnen grote en complexe organisaties, om systematisch en professioneel risicobeheersing te realiseren.

Maatregelen zijn niet vrijblijvend: ze brengen kosten met zich mee en kunnen zelf nieuwe risico's introduceren, zoals operationele beperkingen of afhankelijkheid van technologieën. Het balanceren tussen risico's en maatregelen is daarom een voortdurende uitdaging.

Zonder dit evenwicht kunnen organisaties over- of onderbeveiliging creëren, wat leidt tot inefficiëntie of ongewenste kwetsbaarheden.

Een duidelijk gedefinieerde aanpak voor informatiebeveiliging helpt organisaties niet alleen risico's te identificeren en beheersen, maar biedt ook een kader om kosten en baten van maatregelen beter af te wegen.

Zo ontstaat een professioneel en duurzaam beveiligingsbeleid dat de organisatie beschermt tegen ongewenste incidenten.

Betrouwbaarheidsaspecten

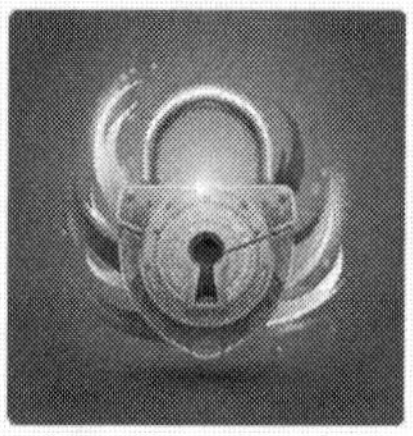

Vertrouwelijkheid

Beveiliging van informatie tegen ongeoorloofde toegang. Alleen geautoriseerde personen kunnen de informatie inzien.

Integriteit

Zorgdragen dat de informatie correct, volledig en ongewijzigd is. Beschermen tegen manipulatie en vervalsing.

Beschikbaarheid

Zorgen voor toegankelijkheid van de informatie wanneer en waar dat nodig is. Beveiliging tegen storingen en onderbrekingen.

Aantekeningen:

De BIV, ook wel betrouwbaarheidsaspecten genoemd (Beschikbaarheid, Integriteit, Vertrouwelijkheid), bestaat uit kernconcepten binnen informatiebeveiliging en wordt ook toegepast binnen de Baseline Informatiebeveiliging Overheid (BIO).

Het helpt organisaties om de impact van risico's op informatie te beoordelen en passende beveiligingsmaatregelen te treffen. Vanuit de BIO wordt BIV als volgt benaderd:

<u>Beschikbaarheid</u>: De mate waarin informatie en systemen toegankelijk zijn wanneer nodig. Binnen de BIO wordt dit cruciaal geacht voor de continuïteit van overheidsdiensten.

<u>Integriteit</u>: De betrouwbaarheid en correctheid van informatie. De BIO legt nadruk op het waarborgen dat gegevens niet onopgemerkt gewijzigd of vernietigd kunnen worden.

<u>Vertrouwelijkheid</u>: Het beschermen van informatie tegen ongeautoriseerde toegang. De BIO stelt eisen om te voorkomen dat gevoelige gegevens in verkeerde handen vallen. Door de BIV-classificatie toe te passen, kan een overheidsorganisatie bepalen welke beveiligingsmaatregelen prioriteit hebben, in lijn met de BIO-richtlijnen.

Programma

- Algemeen
- ● Module 1: Begrippen en inleiding BIO
- Module 2: Organisatorische maatregelen
- Module 3: Fysieke en mensgerichte maatregelen
- Module 4: Technologische maatregelen

Classificatie

Classificatie

Classificatie is het indelen van informatie naar gevoeligheid. Dit helpt bij het bepalen van de juiste beveiligingsmaatregelen.

De classificatie van informatie is een belangrijk onderdeel van informatiebeveiliging. Het helpt te bepalen welke informatie gevoelig is en welke maatregelen er moeten worden getroffen om deze te beschermen.

Doel van Classificatie

Het doel van classificatie is om op basis van de risico's maatregelen te treffen. Dit helpt te zorgen dat gevoelige informatie wordt beschermd tegen ongeoorloofde toegang, gebruik, openbaarmaking, wijziging of vernietiging.

Aantekeningen:

Classificatie kan op verschillende manieren worden ingedeeld, afhankelijk van het doel en de context. Enkele veelgebruikte indelingen zijn:

BIV-classificatie: Beschikbaarheid, Integriteit en Vertrouwelijkheid. Deze methodiek wordt veel toegepast binnen informatiebeveiliging om te bepalen welke mate van beveiliging een specifiek systeem of dataset nodig heeft. Bijvoorbeeld, een systeem dat de nationale veiligheid ondersteunt, vereist een hogere vertrouwelijkheid dan een openbaar toegankelijk informatiesysteem.

Privacy versus niet-privacy: Classificatie op basis van het al dan niet verwerken van persoonsgegevens. Hierbij wordt gekeken of informatie herleidbaar is tot een individu en of deze informatie bijzondere bescherming vereist volgens de AVG (Algemene Verordening Gegevensbescherming).

Kans x impact: Een veelgebruikte methodiek in risicomanagement waarbij risico's worden geclassificeerd door de kans van optreden te vermenigvuldigen met de impact. Dit helpt bij prioritering van maatregelen, waarbij risico's met een hoge score als eerste worden aangepakt.

VIR-BI (Voorschrift Informatiebeveiliging Rijksdienst Bijzondere Informatie) kent de volgende classificaties voor de beveiliging van informatie: Departementaal Vertrouwelijk, Confidentieel, Geheim, Zeer Geheim.

Deze classificaties worden door de overheid gebruikt en gedetailleerd beschreven in de VIR-BI. Dit document biedt een raamwerk voor het waarborgen van de vertrouwelijheid en integriteit van gevoelige informatie, met name binnen de publieke sector. Het biedt richtlijnen voor beveiligingsmaatregelen die passen bij de mate van gevoeligheid, zodat risico's beperkt blijven en vertrouwelijke gegevens niet in verkeerde handen terechtkomen.

Programma

- Algemeen
- Module 1: Begrippen en inleiding BIO
- Module 2: Organisatorische maatregelen
- Module 3: Fysieke en mensgerichte maatregelen
- Module 4: Technologische maatregelen

Persoonsgegevens

Persoonsgegevens

Persoonsgegevens: alle informatie die betrekking heeft op een geïdentificeerde of identificeerbare natuurlijke persoon.

Wettelijke Bescherming

Persoonsgegevens worden wettelijk beschermd door de AVG (Algemene Verordening Gegevensbescherming).

Typen Gegevens

Persoonsgegevens omvatten tekst, beeld en geluid, die direct of indirect identificeerbaar zijn.

Aantekeningen:

Persoonsgegevens zijn gegevens die herleidbaar zijn naar een natuurlijke persoon die geïdentificeerd is of kan worden. De term "natuurlijke persoon" sluit rechtspersonen en overledenen uit. Persoonsgegevens vallen binnen de privésfeer (een grondwettelijke term).
Informatiebeveiliging betreft de bescherming van de vertrouwelijkheid, integriteit en beschikbaarheid van informatie, in de breedste zin van het woord. Persoonsgegevens zijn een onderdeel van die informatie. Naast persoonsgegevens beschikken organisaties ook over niet-persoonsgebonden gegevens, oftewel bedrijfsgegevens. Deze informatie is niet herleidbaar naar een natuurlijke persoon en valt daarmee niet onder de Algemene Verordening Gegevensbescherming (AVG). Informatiebeveiliging beschermt alle soorten informatie: zowel persoonsgegevens als bedrijfsgegevens. Er geldt echter een wettelijke plicht voor de bescherming van persoonsgegevens, terwijl er geen wettelijke verplichting geldt voor de bescherming van bedrijfsgegevens.

Enkele voorbeelden:
Persoonsgegevens: salarisadministratie, personeelsadministratie, burgergegevens.
Bedrijfsgegevens: bedrijfsadres, begroting, netwerkarchitectuur.
Informatie kan in sommige gevallen persoonsgegevens bevatten, terwijl dat in andere gevallen niet zo is. Dit hangt af van de aard van de gegevens of van wie de gegevens beheert. Zo kan een adres bijvoorbeeld herleidbaar zijn naar een rechtspersoon (bedrijfsadres) en dus geen persoonsgegeven zijn. Een kenteken van een voertuig, dat vaak geen persoonsgegeven is omdat het niet zonder meer herleidbaar is, kan een persoonsgegeven worden wanneer het verzameld wordt door de Rijksdienst voor het Wegverkeer (RDW), die de kennis en expertise heeft om het kenteken herleidbaar te maken.
Technische ontwikkelingen en organisatorische veranderingen kunnen ertoe leiden dat niet-persoonsgegevens persoonsgegevens worden en andersom.

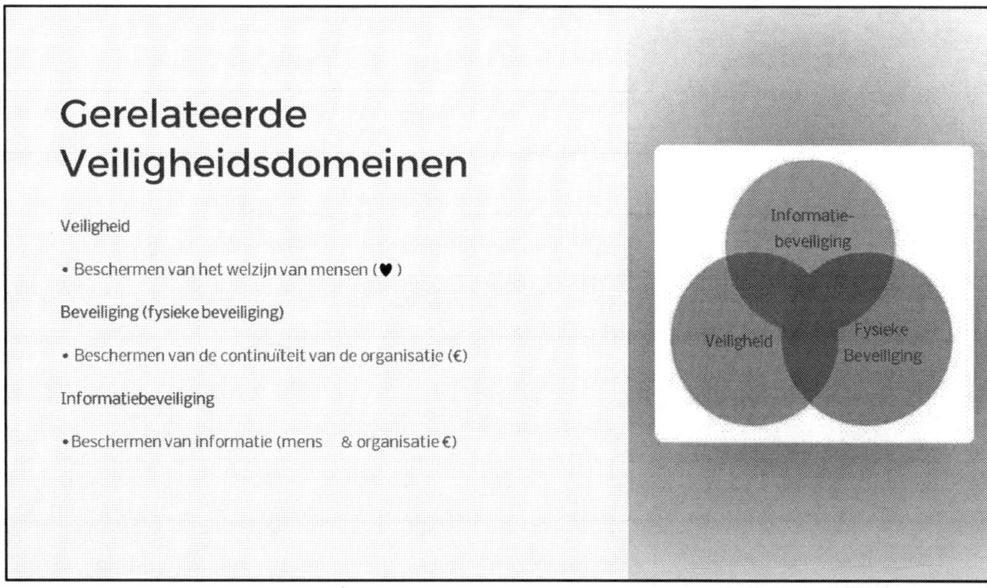

Aantekeningen:

De termen **veiligheid, fysieke beveiliging en informatiebeveiliging** worden vaak met elkaar verward, maar ze betekenen niet hetzelfde. Hoewel er duidelijke onderlinge verbanden zijn, vormen ze elk een eigen discipline binnen de bredere context van de veiligheidsdomeinen.

Organisaties hebben doorgaans specifieke afdelingen of functies voor elk domein, zoals een veiligheidsfunctionaris, een beveiligingsafdeling en een informatiebeveiligingsteam. Deze opdeling kan leiden tot uiteenlopende, soms tegenstrijdige belangen. Zo ontstaat spanning tussen veiligheid en fysieke beveiliging: fysieke beveiliging focust op het afsluiten tegen risico's zoals diefstal, terwijl veiligheid vraagt om openheid voor snelle evacuatie bij calamiteiten. De veiligheid van mensen heeft daarbij altijd prioriteit boven de bescherming van eigendommen of data. Samenwerking en maatregelafstemming zijn essentieel om een balans te vinden.

Voorbeelden van incidenten illustreren de verschillen:
Veiligheid: Vallen, bedrijfsongevallen.
Fysieke beveiliging: Diefstal, inbraak.
Informatiebeveiliging: Datalekken, hacking.
Denk bijvoorbeeld aan een grote aangestoken brand, of een cyberaanval waarbij kritische systemen van een ziekenhuis worden uitgeschakeld. Maatregelen tegen deze gezamenlijke risico's vereisen een integrale aanpak.

Fysieke toegang (onderdeel van fysieke beveiliging) speelt een verbindende rol binnen alle domeinen: het faciliteert veilige evacuaties (vluchtwegen), voorkomt ongeautoriseerde toegang (binnendringen) en beschermt fysieke informatie en informatie systemen.

Effectief beheer van veiligheidsdomeinen vraagt om een gezamenlijke strategie en integrale aanpak, waarbij samenwerking centraal staat.

Risico's en Maatregelen

Een risico is de kans dat een dreiging zich realiseert en schade veroorzaakt. Maatregelen zijn acties die worden ondernomen om de kans op schade te verkleinen.

Aantekeningen:

Risico's en maatregelen: wat is de mate van risicobereidheid?

In elk bedrijf zijn risico's onvermijdelijk, vooral als het gaat om de bescherming van bedrijfsmiddelen. Deze middelen – zoals gegevens, systemen en fysieke eigendommen – vertegenwoordigen vaak een aanzienlijke waarde. Het verlies of de beschadiging ervan kan leiden tot ernstige gevolgen, zoals financiële schade, reputatieverlies of zelfs operationele stilstand.

Een risico ontstaat wanneer een kwetsbaarheid in een bedrijfsmiddel wordt blootgesteld aan een dreiging, zoals een cyberaanval, diefstal of een natuurramp. Het samenspel van dreiging en kwetsbaarheid bepaalt de kans op een incident, dat kan resulteren in schade. Hoe waardevoller een bedrijfsmiddel, des te groter de impact van een incident.

Om risico's beheersbaar te maken, zijn gerichte maatregelen nodig. Deze kunnen preventief zijn, zoals het versterken van beveiligingssystemen, detecterend door middel van monitoring, of reactief, zoals een goed gecoördineerd incident response plan. Door risicoanalyses uit te voeren, wordt duidelijk welke kwetsbaarheden en dreigingen prioriteit verdienen. Dit stelt een organisatie in staat om de waarde van bedrijfsmiddelen te beschermen en de impact van mogelijke incidenten te minimaliseren.

Kortom, een effectieve aanpak van risico's vraagt om een strategische balans tussen dreigingen, kwetsbaarheden en de waarde van bedrijfsmiddelen, ondersteund door doordachte maatregelen.

Programma

- Algemeen
- ● Module 1: Begrippen en inleiding BIO
- Module 2: Organisatorische maatregelen
- Module 3: Fysieke en mensgerichte maatregelen
- Module 4: Technologische maatregelen

Aantekeningen:

Een **bedrijfsmiddel** is een breed begrip dat verder gaat dan alleen informatiebeveiliging. In de financiële boekhouding omvat het alle middelen, zowel materieel als immaterieel, die eigendom zijn van een bedrijf of economische entiteit en waarde genereren. Bedrijfsmiddelen kunnen worden ingezet om economische voordelen te creëren, en sommige, zoals contant geld, kunnen direct in liquide middelen worden omgezet.

Binnen het domein van informatiebeveiliging ligt de focus echter uitsluitend op die bedrijfsmiddelen die gerelateerd zijn aan informatie. Dit omvat bijvoorbeeld gegevens, systemen, software en de infrastructuur die nodig is voor het beheren en beschermen van informatie. Het doel is om de vertrouwelijkheid, integriteit en beschikbaarheid van deze informatie-gerelateerde middelen te waarborgen. Bedrijfsmiddelen zoals contant geld of fysieke eigendommen vallen buiten de scope van informatiebeveiliging, tenzij ze een directe rol spelen in de bescherming of het beheer van informatie.

Organisaties beschikken doorgaans over een grote diversiteit aan bedrijfsmiddelen. Niet alle hiervan zijn even relevant voor informatiebeveiliging. Een Business Impact Analyse (BIA) kan helpen om de bedrijfsmiddelen die essentieel zijn voor cruciale bedrijfsprocessen te identificeren en prioriteren. Hierdoor kunnen beveiligingsmaatregelen gericht worden ingezet op wat echt van belang is.

Programma

- Algemeen
- ● Module 1: Begrippen en inleiding BIO
- Module 2: Organisatorische maatregelen
- Module 3: Fysieke en mensgerichte maatregelen
- Module 4: Technologische maatregelen

Waarde van informatie

1 Subjectiviteit
De waarde van informatie is subjectief. Wat voor de één waardevol is, is voor een ander waardeloos.

2 Tijdsgebonden
De waarde van informatie is tijdsgebonden. Wat nu veel waard is, kan straks waardeloos zijn.

3 Eigenaarschap
De eigenaar van een bedrijfsmiddel is doorgaans het best in staat om de waarde van een bedrijfsmiddel binnen een organisatie te bepalen.

Aantekeningen:

Het concept „**waarde**” is veelzijdig en kan op uiteenlopende manieren worden geïnterpreteerd. Binnen organisaties wordt de waarde van bedrijfsmiddelen beoordeeld op basis van hun bijdrage aan het succes van de organisatie. Waardeclassificatie biedt inzicht in de rol van een bedrijfsmiddel en helpt bij strategische beslissingen omtrent beheer en bescherming.

Voorbeelden van waardeclassificatie: Waardeclassificatie kan op verschillende manieren worden toegepast:

Economische waarde: De economische waarde van een bedrijfsmiddel kan worden vastgesteld aan de hand van de aanschafkosten of potentiële verkoopopbrengsten. Dit type waarde is relevant voor investeringen, afschrijvingen en vervangingsstrategieën.
Omzet- of winstwaarde: Een bedrijfsmiddel kan worden beoordeeld op basis van de directe of indirecte bijdrage aan omzet of winst. Bijvoorbeeld, een productie-installatie die essentieel is voor de fabricage van producten of software die de efficiëntie verhoogt.
Imago en reputatie: Sommige bedrijfsmiddelen hebben een waarde die niet in cijfers is uit te drukken, zoals data die verband houden met de vertrouwenspositie van de organisatie of iconische gebouwen die het imago versterken.
Kosten van bescherming en herstel: Waarde kan ook worden gekoppeld aan de kosten van bescherming of herstel na incidenten, zoals investeringen in beveiliging of herstel na verstoringen.

Conclusie
Waarde is een veelzijdig begrip dat varieert van economische en omzetwaarde tot reputatie en beschermingskosten. Het systematisch beoordelen van deze aspecten stelt organisaties in staat weloverwogen keuzes te maken en bedrijfsmiddelen optimaal te benutten.

Programma

- Algemeen
- ● Module 1: Begrippen en inleiding BIO
- Module 2: Organisatorische maatregelen
- Module 3: Fysieke en mensgerichte maatregelen
- Module 4: Technologische maatregelen

Eigenaarschap van bedrijfsmiddelen

Verantwoordelijkheid

De eigenaar van een bedrijfsmiddel is verantwoordelijk voor het gebruik en de beveiliging ervan.

Gebruik

De eigenaar gebruikt het bedrijfsmiddel om zijn taken uit te voeren.

Centrale Eigenaar

Als meerdere afdelingen een bedrijfsmiddel gebruiken, wordt er vaak een centrale eigenaar aangesteld.

Aantekeningen:

Het **eigenaarschap van bedrijfsmiddelen** is een cruciaal aspect voor een effectieve informatiebeveiliging. Bedrijfsmiddelen omvatten zowel fysieke als digitale middelen, zoals hardware, software, data en de bijbehorende documentatie, die essentieel zijn voor het functioneren van organisaties. Het belang van eigenaarschap ligt in de verantwoordelijkheid die hierbij komt kijken voor het beschermen en beheren van deze middelen.

Eigenaarschap betekent dat er een duidelijke verantwoordelijke is aangewezen die zorgdraagt voor het onderhoud, de beveiliging en de naleving van relevante richtlijnen. Zonder een helder gedefinieerd eigenaarschap kunnen bedrijfsmiddelen kwetsbaar worden voor beveiligingsrisico's, zoals ongeautoriseerde toegang, verlies van gegevens of verstoringen in de dienstverlening. Eigenaarschap biedt structuur en transparantie, waardoor risico's tijdig kunnen worden geïdentificeerd en gemitigeerd.

Daarnaast stelt eigenaarschap organisaties in staat om effectief te reageren op incidenten. Wanneer incidenten plaatsvinden, zoals een datalek of systeemuitval, is het essentieel dat de verantwoordelijke eigenaar snel kan handelen om de schade te beperken. Dit vergroot niet alleen de weerbaarheid van de organisatie, maar draagt ook bij aan het behouden van het vertrouwen van burgers en stakeholders.

Tot slot zorgt eigenaarschap voor een betere afstemming tussen verschillende afdelingen en belanghebbenden binnen de organisatie. Het maakt duidelijk wie verantwoordelijk is voor welke middelen, wat leidt tot efficiënter beheer en naleving van wettelijke en beleidsmatige eisen. Kortom, eigenaarschap van bedrijfsmiddelen vormt een onmisbare schakel in het waarborgen van een robuuste informatiebeveiliging. Het biedt de basis voor verantwoordelijkheid, transparantie en effectieve risicobeheersing.

Programma

- Algemeen
- ● Module 1: Begrippen en inleiding BIO
- Module 2: Organisatorische maatregelen
- Module 3: Fysieke en mensgerichte maatregelen
- Module 4: Technologische maatregelen

Kwetsbaarheid, Dreiging, Risico

Een kwetsbaarheid is een zwakheid die een bedrijfsmiddel vatbaar maakt voor schade.

Een dreiging is een potentiële ongewenste gebeurtenis die kan profiteren van een kwetsbaarheid.

Een risico is de kans dat een dreiging zich voordoet en de impact die het heeft.

Aantekeningen:

Informatiebeveiliging: **Dreiging, Kwetsbaarheid en Risico**

De termen dreiging, kwetsbaarheid en risico worden vaak door elkaar gehaald omdat ze verwant zijn, hoewel elk een eigen betekenis heeft. Voor effectieve informatiebeveiliging is het cruciaal om deze begrippen te onderscheiden.

Kwetsbaarheid verwijst naar een eigenschap van een bedrijfsmiddel die het vatbaar maakt voor schade. Zo is een tekstdocument (bijvoorbeeld een Word-bestand) kwetsbaar voor kopiëren, terwijl een serverrack dat niet is, maar dat is wel kwetsbaar voor stroomuitval. Elk bedrijfsmiddel heeft unieke kwetsbaarheden.

Dreiging is een gebeurtenis of entiteit die een kwetsbaarheid kan benutten. Denk aan een ballon: de dunne wand maakt de ballon kwetsbaar. Een naald is in dit geval een dreiging, omdat deze de kwetsbaarheid "dun" kan uitbuiten.

Risico ontstaat wanneer we de dreiging wegen op basis van de kans dat deze zich voordoet en de impact die dat zou hebben. Voor een ballon bijvoorbeeld: hoe groot is de kans dat iemand met een naald dichtbij komt, en wat is het gevolg als de ballon knapt?

Door dreigingen, kwetsbaarheden en risico's goed te begrijpen en in kaart te brengen, kunnen passende maatregelen worden genomen om informatie effectief te beschermen.

Programma

- Algemeen
- ● Module 1: Begrippen en inleiding BIO
- Module 2: Organisatorische maatregelen
- Module 3: Fysieke en mensgerichte maatregelen
- Module 4: Technologische maatregelen

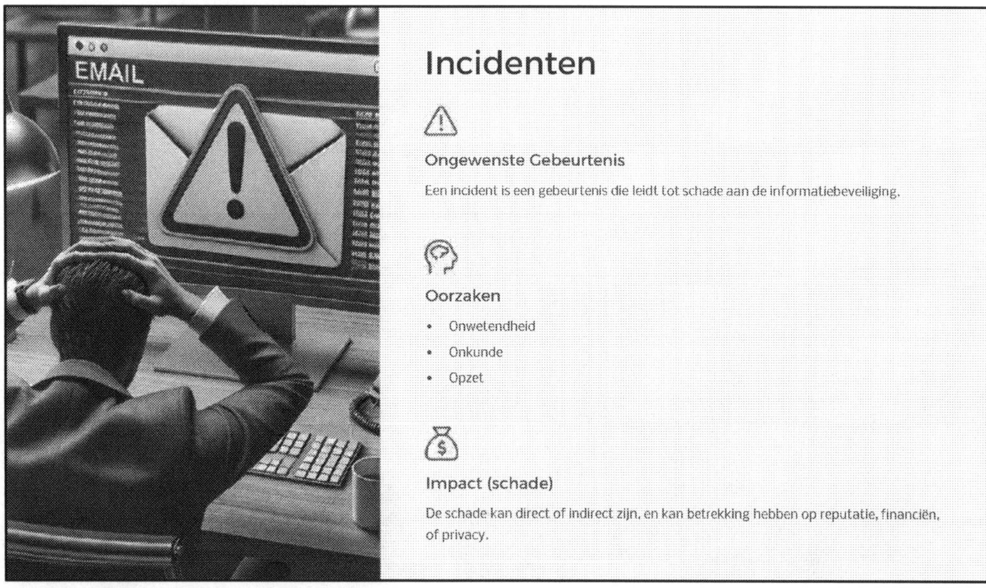

Aantekeningen:

De Informatiebeveiligingsdienst (IBD) hanteert een standaardindeling voor **beveiligingsincidenten** om de ernst en impact van elk incident effectief te beoordelen en passende maatregelen te nemen. Deze indeling is gebaseerd op de classificatie van incidenten in vier categorieën:

1. **Incidenten met een lage impact**: Deze incidenten hebben minimale gevolgen voor de organisatie en vereisen doorgaans beperkte inspanningen om op te lossen. Voorbeelden zijn kleine technische storingen zonder directe veiligheidsrisico's.

2. **Incidenten met een middelhoge impact**: Deze incidenten hebben merkbare gevolgen voor de organisatie en kunnen de continuïteit van bepaalde diensten beïnvloeden. Ze vereisen gerichte acties om verdere escalatie te voorkomen. Voorbeelden zijn malware-infecties die beperkt blijven tot enkele systemen.

3. **Incidenten met een hoge impact**: Deze incidenten hebben significante gevolgen voor de organisatie, zoals het verlies van vertrouwelijke informatie of langdurige uitval van kritieke systemen. Ze vereisen onmiddellijke en uitgebreide responsmaatregelen. Voorbeelden zijn gerichte cyberaanvallen op essentiële infrastructuur.

4. **Incidenten met een zeer hoge impact**: Deze incidenten hebben ernstige en mogelijk langdurige gevolgen voor de organisatie en kunnen ook externe partijen treffen. Ze vereisen een crisisrespons en coördinatie met externe instanties. Voorbeelden zijn datalekken met grote hoeveelheden gevoelige informatie of grootschalige ransomware-aanvallen.

Deze indeling stelt de IBD en aangesloten organisaties in staat om incidenten systematisch te evalueren en de juiste prioriteiten te stellen bij de incidentrespons.

Programma

- Algemeen
- ● Module 1: Begrippen en inleiding BIO
- Module 2: Organisatorische maatregelen
- Module 3: Fysieke en mensgerichte maatregelen
- Module 4: Technologische maatregelen

Directe / indirecte schade

Voorbeelden van schade

Er zijn verschillende soorten schade die kunnen ontstaan door een incident. Denk aan imagoschade, de kosten van herstel of vervanging, kosten als gevolg van uitval, en verlies van productiviteit. Deze schade kan leiden tot financiële verliezen en reputatieschade.

Type Schade

We onderscheiden directe schade, die direct voortvloeit uit het incident, zoals herstelkosten. Indirecte schade daarentegen is schade die indirect ontstaat door het incident. Denk hierbij aan verlies van klanten door reputatieschade, of een vertraging in productie.

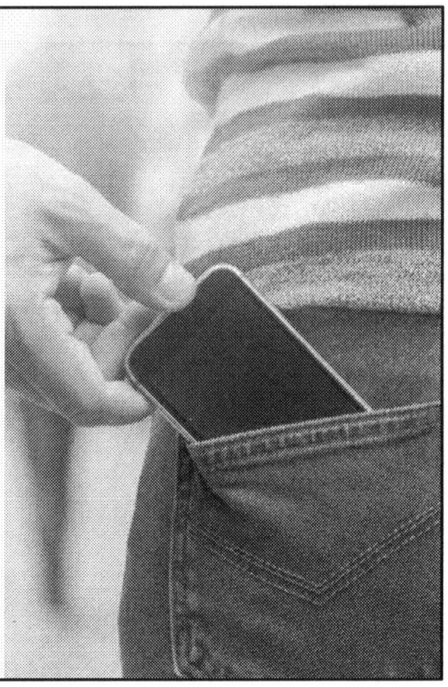

Aantekeningen:

Voorbeeld incident en de bijbehorende schade

Een incident waarbij een zakelijke gegevensdrager, zoals een smartphone, wordt gestolen, kan grote gevolgen hebben voor een organisatie. Naast de directe kosten van het verlies zelf, kunnen er ook indirecte gevolgen optreden die invloed hebben op de bedrijfsvoering en reputatie. Hieronder worden de soorten schade en de impact van een dergelijk incident toegelicht.

Incident:Diefstal van gegevensdrager (zakelijke smartphone)

Soorten schade:

Imagoschade: Het incident kan in de publiciteit komen, wat schadelijk is voor de reputatie van de organisatie.

Kosten voor herstel of vervanging: Kosten voor het aanschaffen van een nieuwe smartphone en toebehoren.

Kosten als gevolg van uitval: Tijdelijk niet kunnen werken door het ontbreken van de smartphone.

Verlies van productiviteit: Tijdelijk niet mobiel bereikbaar, waardoor communicatie en afspraken vertraging oplopen.

Type schade:

Directe schade: Kosten voor het vervangen van de smartphone, beschermhoesje, en eventueel nieuwe pasjes of beveiligingssleutels.

Indirecte schade: Tijd en kosten voor het opnieuw gereedmaken en uitgeven van een smartphone, gemiste deadlines of telefoongesprekken, mogelijke impact van een datalek in de media.

Programma

- Algemeen
- ● Module 1: Begrippen en inleiding BIO
- Module 2: Organisatorische maatregelen
- Module 3: Fysieke en mensgerichte maatregelen
- Module 4: Technologische maatregelen

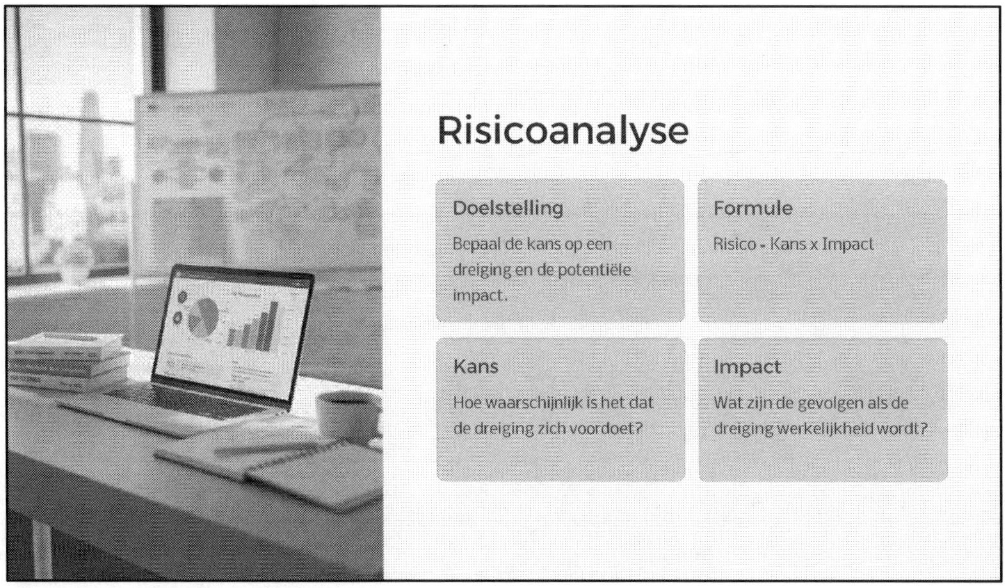

Aantekeningen:

Een **risicoanalyse** (risk assessment) is een gestructureerde methode om risico's in kaart te brengen, met als doel deze beheersbaar te maken door het treffen van passende maatregelen.

Doel: De risicoanalyse vormt de basis voor het bepalen en prioriteren van maatregelen.

Relevante normen:
ISO31000: Risk management
ISO27005: Information security risk management

Elke organisatie kan een risicoanalyse methode kiezen of ontwikkelen die aansluit bij de eigen behoeften, mits deze:

Herhaalbaar is, zodat resultaten van verschillende analyses vergeleken kunnen worden.

Duidelijke criteria bevat voor het beoordelen van kans en impact.
De frequentie van uitvoering is vastgelegd.

Risicoscenario's: Risico's worden beschreven in termen van oorzaak, gebeurtenis en gevolg.Voorbeeld: Door te laat te patchen wordt een systeem gehackt, met een datalek als gevolg.

Typen risicoanalyses:
Kwantitatief: Gebaseerd op statistische waarden, vaak gericht op financiële gevolgen.
Kwalitatief: Gebaseerd op schaalverdelingen zoals laag, middel, hoog, of via een score (bijv. 1-100).

Een effectieve risicoanalyse biedt inzicht en helpt organisaties weloverwogen besluiten te nemen over risicobeheersing en prioriteiten.

Evaluatie van risico's

1. Beoordelen van risiconiveaus

De evaluatie van risico's is een belangrijk onderdeel van het risicomanagementproces.

2. Vergelijk met criteria

De resultaten van de risicoanalyse worden vergeleken met de vastgestelde risicocriteria.

3. Beslissingen nemen

De beoordeling van risiconiveaus ondersteunt beslissingen over risicomanagement.

4. Risicobestrijding

De resultaten bepalen of er aanvullende actie vereist is.

Aantekeningen:

Het doel van een **risico-evaluatie** is het ondersteunen van beslissingen over risicobeheersing. Dit gebeurt door de resultaten van de risicoanalyse te vergelijken met de vooraf vastgestelde risicocriteria. Deze vergelijking helpt bepalen welke risico's acceptabel zijn en waar aanvullende acties nodig zijn om de risico's binnen de gestelde grenzen te brengen. De evaluatie kan leiden tot verschillende beslissingen:

Vermijden: Stoppen met activiteiten die het risico veroorzaken, om zo het risico volledig te elimineren. Dit is vaak een keuze bij zeer ernstige risico's die niet beheersbaar zijn of onaanvaardbare gevolgen hebben.
Mitigeren: Treffen van maatregelen om het risico te verkleinen, bijvoorbeeld door processen aan te passen, beveiligingsmaatregelen te implementeren of systemen beter te onderhouden. Dit is een veelvoorkomende aanpak bij risico's die met redelijke inspanning beheersbaar zijn.
Overdragen: Het risico uitbesteden, bijvoorbeeld via verzekeringen of door een contract met een externe partij. Dit wordt vaak toegepast wanneer het risico niet volledig beheersbaar is, maar de gevolgen wel overdraagbaar zijn.
Accepteren: Het risico bewust aanvaarden wanneer het als acceptabel wordt beschouwd binnen de organisatiecontext en de risicocriteria. Dit gebeurt meestal bij lage risico's of wanneer de kosten van beheersmaatregelen niet opwegen tegen de verwachte voordelen.

De keuze voor een aanpak hangt af van de ernst van het risico, de waarschijnlijkheid van optreden, de impact op organisatiedoelen, en de kosten van beheersmaatregelen.

Een gestructureerde risico-evaluatie maakt het mogelijk om deze beslissingen weloverwogen te nemen. Het ondersteunt organisaties bij het prioriteren van maatregelen en het effectief beheren van risico's, zodat zij kunnen blijven opereren binnen een aanvaardbaar risiconiveau.

Programma

- Algemeen
- ● Module 1: Begrippen en inleiding BIO
- Module 2: Organisatorische maatregelen
- Module 3: Fysieke en mensgerichte maatregelen
- Module 4: Technologische maatregelen

Behandelen van risico's (maatregelen)

Fysieke Maatregelen

Deze maatregelen richten zich op de fysieke beveiliging van de omgeving waar de informatie zich bevindt, zoals toegangscontrole en beveiligingscamera's.

Logische Maatregelen

Deze maatregelen richten zich op de bescherming van de informatie zelf, zoals toegangscontrole en encryptie.

Organisatorische Maatregelen

Deze maatregelen richten zich op de procedures en de verantwoordelijkheden van de medewerkers, zoals trainingen en bewustwording.

Aantekeningen:

Maatregelen kunnen vaak op verschillende manieren worden ingedeeld, afhankelijk van het perspectief. Deze verschillende perspectieven helpen bij het formuleren van samenhangende maatregelen en bieden inzicht in de bredere impact van een maatregel.

Een slot op de deur van een serverruimte is bijvoorbeeld een **fysieke maatregel**. Vanuit het perspectief van de indeling 'fysiek, logisch en organisatorisch' horen daar echter ook andere maatregelen bij:
Organisatorisch: Het beheer van sleutels, zoals procedures voor uitgifte en inname, en een protocol voor verlies of diefstal.
Logisch: Het netwerk en de servers binnen de ruimte moeten technisch voldoende beveiligd zijn om ongeautoriseerde toegang te voorkomen.

Kijken we naar een andere indeling, zoals strategisch, tactisch en operationeel, dan is het slot een **operationele** maatregel. Maar er zijn ook strategische en tactische maatregelen die hierbij relevant zijn:
Strategisch: Het opstellen van een toegangsbeleid.
Tactisch: Het implementeren van een sleutelbeheer- of toegangscontrolesysteem.

Bij de derde indeling, BIV (Beschikbaarheid, Integriteit, Vertrouwelijkheid), kunnen we evalueren of de maatregel alle aspecten voldoende beschermt. In het geval van het slot:
Vertrouwelijkheid: Voorkomt onbevoegde toegang tot gevoelige gegevens.
Integriteit: Beschermt systemen tegen manipulatie of ongewenste wijzigingen.
Beschikbaarheid: Vermindert risico's op fysieke schade aan systemen die de beschikbaarheid kunnen bedreigen.

Door maatregelen vanuit meerdere perspectieven te bekijken, kan de samenhang tussen strategieën beter worden gewaarborgd en ontstaat een vollediger beeld van de risicobeheersing.

Programma

Algemeen

- Module 1: Begrippen en inleiding BIO

Module 2: Organisatorische maatregelen

Module 3: Fysieke en mensgerichte maatregelen

Module 4: Technologische maatregelen

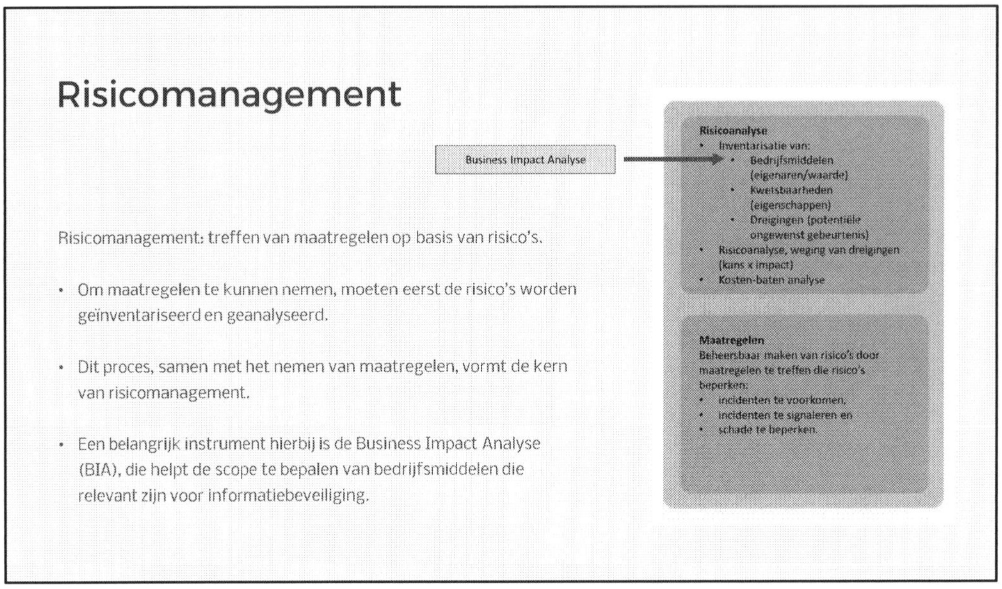

Aantekeningen:

Risicomanagement is het proces van het identificeren, analyseren en treffen van maatregelen op basis van risico's. Een belangrijk instrument hierbij is de Business Impact Analyse (BIA), die helpt de scope te bepalen van bedrijfsmiddelen die relevant zijn voor informatiebeveiliging.
Van risico's naar maatregelen: Om maatregelen te kunnen nemen, moeten eerst de risico's worden geïnventariseerd en geanalyseerd. Dit proces, samen met het nemen van maatregelen, vormt de kern van risicomanagement.

BIA versus risicoanalyse: Een BIA en een risicoanalyse hebben verschillende doelen:
Business Impact Analyse (BIA): Richt zich op het in kaart brengen van bedrijfsprocessen en het bepalen van de impact van maximale verstoringen.
Risicoanalyse: Concentreert zich op de bedrijfsmiddelen die nodig zijn om deze processen te ondersteunen en beoordeelt de risico's die deze middelen kunnen bedreigen.

Voorbeeld: Een bedrijfsproces zoals het verstrekken van vergunningen vereist verschillende bedrijfsmiddelen, waaronder:
- Een aanvraagformulier.
- Een procedure voor afhandeling.
- Notificaties over goedkeuring of afwijzing.
- Een bezwaarproces.

De informatiemiddelen die deze onderdelen mogelijk maken, zoals IT-systemen en databases, zijn cruciaal voor het proces. De risicoanalyse richt zich op deze middelen, terwijl de BIA kijkt naar de impact van verstoringen in het gehele proces.
Door een BIA te combineren met een risicoanalyse ontstaat een compleet beeld, waarmee organisaties effectieve maatregelen kunnen treffen om risico's beheersbaar te maken en bedrijfsprocessen te beschermen.

Programma

Algemeen

- Module 1: Begrippen en inleiding BIO

Module 2: Organisatorische maatregelen

Module 3: Fysieke en mensgerichte maatregelen

Module 4: Technologische maatregelen

PDCA voor Informatiebeveiliging

De PDCA-cyclus (Plan, Do, Check, Act) is een gestructureerde aanpak voor het managen van informatiebeveiliging.

Deze cyclus helpt organisaties om hun beveiligingsrisico's te identificeren, te beoordelen en te beheersen.

Aantekeningen:

PDCA voor Informatiebeveiliging

De **PDCA-cyclus** (Plan, Do, Check, Act) biedt een gestructureerde aanpak voor het effectief beheren en verbeteren van informatiebeveiliging. Het model ondersteunt organisaties bij het identificeren, beoordelen en beheersen van beveiligingsrisico's en bevordert een continue verbetercultuur.

Plan In deze fase wordt de basis gelegd door het analyseren van de organisatiecontext, het opstellen van een informatiebeveiligingsbeleid, het uitvoeren van risicoanalyses en het vaststellen van doelstellingen. Dit resulteert in een plan met maatregelen en prioriteiten om risico's te mitigeren en beveiligingsdoelen te bereiken.

Do Hier worden de geplande maatregelen geïmplementeerd en operationeel gemaakt. Dit omvat het toewijzen van middelen, het uitvoeren van risicobeheersingsmaatregelen en het bewustmaken van medewerkers. Projecten worden begeleid en resultaten worden bewaakt.

Check De effectiviteit van de maatregelen wordt geëvalueerd door middel van monitoring, audits en analyse van resultaten. Hierbij wordt gecontroleerd of de maatregelen functioneren zoals bedoeld en of ze bijdragen aan de beveiligingsdoelstellingen.

Act Op basis van de Check-fase worden verbeterpunten geïdentificeerd en doorgevoerd. Corrigerende maatregelen worden genomen, tekortkomingen aangepakt en de cyclus wordt opnieuw gestart om informatiebeveiliging te blijven verbeteren.

Met de PDCA-cyclus creëert een organisatie een dynamisch en adaptief systeem dat inspeelt op veranderende risico's en behoeften.

Programma

- Algemeen
- ● Module 1: Begrippen en inleiding BIO
- Module 2: Organisatorische maatregelen
- Module 3: Fysieke en mensgerichte maatregelen
- Module 4: Technologische maatregelen

Information Security Management System

Een Systematisch Kader

Een ISMS is een structuur voor het managen van informatiebeveiliging in een organisatie.

Verbetering van de Informatiebeveiliging

Het ISMS helpt organisaties om hun informatiebeveiligingsrisico's te beheersen en te verminderen.

Continu Verbeteringsproces

Een ISMS is geen statisch systeem maar een continu proces van evaluatie en verbetering.

Aantekeningen:

Een **ISMS** (Information Security Management System) is een systeem waarmee organisaties het beheer van informatiebeveiliging opzetten en onderhouden. Het omvat activiteiten die ervoor zorgen dat een organisatie grip krijgt op informatiebeveiliging en compliant blijft.

Belangrijke activiteiten binnen een ISMS zijn:

• Uitvoeren van een contextanalyse.
• Opstellen van een informatiebeveiligingsbeleid, inclusief onderliggend beleid.
• Toewijzen van taken, verantwoordelijkheden en bevoegdheden rond informatiebeveiliging.
• Uitvoeren van risicoanalyses en opstellen van risicobeheersingsplannen.
• Zekerstellen van benodigde middelen en expertise voor effectief informatiebeveiligingsmanagement.
• Implementeren van risicobeheersingsplannen.
• Monitoren van activiteiten en beheersmaatregelen.
• Uitvoeren van interne audits.
• Opstellen van rapportages en sturen vanuit het management.

De ISO 27001-norm stelt minimale kwaliteitseisen aan een ISMS en biedt een kader om te voldoen aan internationale standaarden voor informatiebeveiliging. Het behalen van een ISO 27001-certificering toont aan dat een organisatie informatiebeveiliging serieus neemt en voortdurend verbetert.

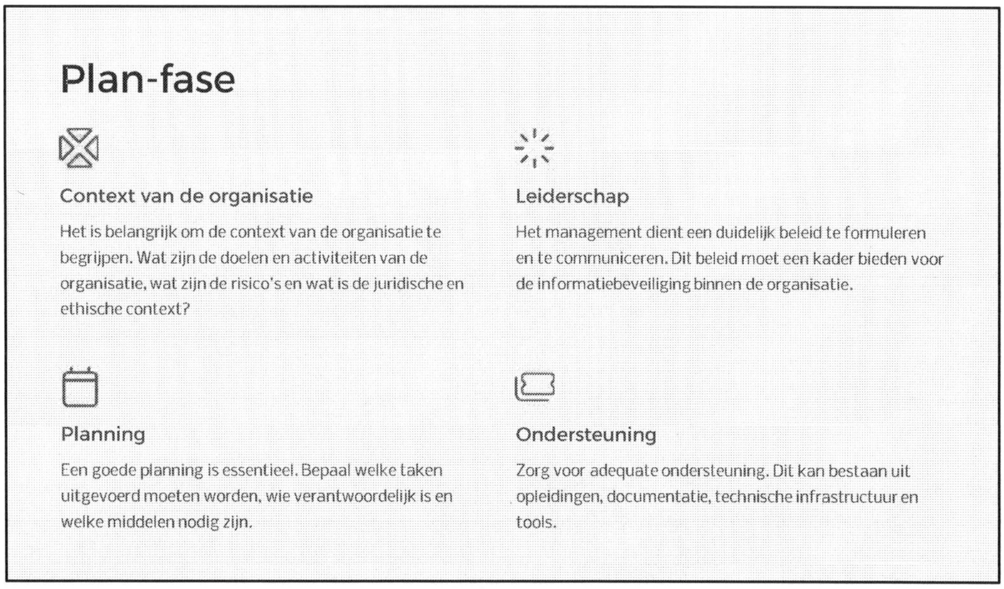

Aantekeningen:

De **Plan-fase** van een ISMS richt zich op het opstellen van beleid en het bepalen van de strategie voor informatiebeveiliging. Het omvat de volgende onderdelen:

Context van de organisatie
Inzicht in de organisatie en haar context: Analyse van interne en externe factoren die van invloed zijn op informatiebeveiliging. Inzicht in de behoeften en verwachtingen van belanghebbenden: Identificatie van eisen van interne en externe partijen, zoals klanten en toezichthouders. Het toepassingsgebied van het managementsysteem vaststellen: Afbakening van welke processen, systemen en locaties onder het ISMS vallen. Managementsysteem voor informatiebeveiliging: Formele inrichting van het ISMS.

Leiderschap
Leiderschap en betrokkenheid: Betrokkenheid van het topmanagement bij informatiebeveiliging. Beleid: Ontwikkelen en communiceren van een duidelijk informatiebeveiligingsbeleid. Rollen, verantwoordelijkheden en bevoegdheden: Toewijzen van verantwoordelijkheden binnen de organisatie.

Planning
Acties om risico's en kansen op te pakken: Identificeren van risico's en kansen, inclusief risicobeheersing. Informatiebeveiligingsdoelstellingen en de planning om ze te bereiken: Vaststellen van doelen en hoe deze worden gerealiseerd. Resultaten van de Plan-fase: Deze fase levert een organisatie een eigen risicoprofiel op, waarmee verbetervoorstellen (maatregelen en controls) kunnen worden opgesteld. Benodigde investeringen in tijd en geld kunnen worden ingeschat. Rest-risico's kunnen worden geaccepteerd.

Do-fase

Operationele planning en beheersing

Deze fase omvat het ontwikkelen en implementeren van concrete maatregelen.

Risicobeoordeling van informatiebeveiliging

Het beoordelen van de risico's die voortvloeien uit potentiële kwetsbaarheden en bedreigingen.

Informatiebeveiligingsrisico's behandelen

Het implementeren van besturingselementen om de risico's te verminderen of te beheersen.

Aantekeningen:

De **Do-fase** richt zich op de uitvoering van informatiebeveiligingsmaatregelen en de ondersteuning daarvan binnen de organisatie. Deze fase omvat de volgende onderdelen:

Ondersteuning

Middelen: Zorg voor voldoende middelen om informatiebeveiliging effectief te beheren.
Competentie: Borg dat medewerkers de juiste vaardigheden en kennis hebben.
Bewustzijn: Creëer bewustzijn rondom informatiebeveiliging op alle niveaus binnen de organisatie.
Communicatie: Stel een communicatieplan op om informatiebeveiliging intern en extern te bespreken.
Gedocumenteerde informatie: Zorg voor adequate vastlegging van processen, procedures en resultaten.

Uitvoering van maatregelen

Operationele planning en beheersing: Plan en beheer de uitvoering van beveiligingsactiviteiten.
Risicobeoordeling van informatiebeveiliging: Voer voortdurende risicobeoordelingen uit om nieuwe bedreigingen te identificeren.

Informatiebeveiligingsrisico's behandelen

Voorbereiding maatregelen: Stel projectplannen, wensen en eisen op, doe uitvragen aan interne of externe leveranciers, beoordeel en selecteer maatregelen, en zorg voor commitment van management en draagvlak binnen de organisatie.
Implementatie maatregelen: Start verbeterprojecten, begeleid deze en houd toezicht op doelstellingen, planning en kosten.
Afronding: Zorg voor oplevering door leveranciers, los restpunten op, draag projecten over en evalueer de maatregelen.

Programma

Algemeen

● Module 1: Begrippen en inleiding BIO

Module 2: Organisatorische maatregelen

Module 3: Fysieke en mensgerichte maatregelen

Module 4: Technologische maatregelen

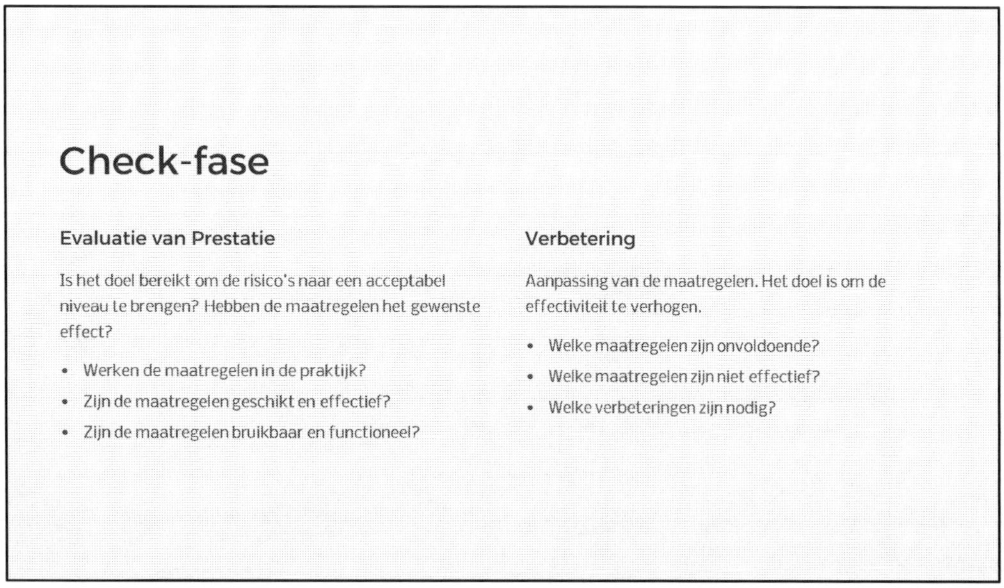

Aantekeningen:

De **Check-fase** richt zich op het evalueren van de prestaties van informatiebeveiligingsmaatregelen en het controleren of de doelen zijn behaald. Deze fase omvat de volgende onderdelen:

Evaluatie van de prestaties

Monitoren, meten, analyseren en evalueren: Continu toezicht houden op en analyseren van informatiebeveiligingsprocessen en -resultaten.

Interne audit: Regelmatige audits uitvoeren om te controleren of de processen en maatregelen voldoen aan de gestelde eisen.

Directiebeoordeling: Management evaluaties uitvoeren om de effectiviteit van het ISMS te beoordelen en bij te sturen waar nodig.

Evaluatie van maatregelen
De Check-fase beoordeelt of de getroffen maatregelen effectief zijn en of ze in de praktijk geschikt en werkbaar blijken. Vragen die hierbij centraal staan:
- Hebben de maatregelen het gewenste effect?
- Zijn de gekozen maatregelen praktisch en geschikt?
- Functioneren de maatregelen naar behoren?
- Zijn de maatregelen werkbaar of veroorzaken ze knelpunten?
- Controlemechanismen

Voor een effectieve evaluatie kunnen diverse controlemiddelen worden ingezet, zoals audits, penetratietests (pentests),mystery visits, analyse van logbestanden, registratie en analyse van incidenten.

Let op: De Check-fase richt zich specifiek op de risico's waarvoor in de Do-fase maatregelen zijn genomen. Dit zorgt voor een continu verbeterproces binnen het informatiebeveiligingsmanagement.

Programma

Algemeen

● Module 1: Begrippen en inleiding BIO

Module 2: Organisatorische maatregelen

Module 3: Fysieke en mensgerichte maatregelen

Module 4: Technologische maatregelen

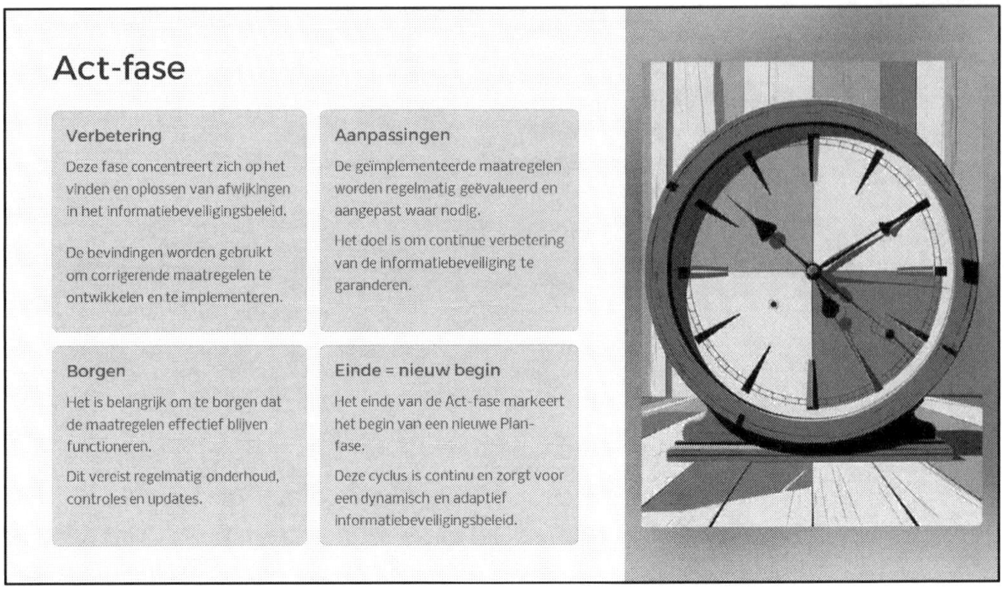

Aantekeningen:

De **Act-fase** richt zich op het doorvoeren van verbeteringen in het informatiebeveiligingsmanagementsysteem op basis van de resultaten uit de Check-fase. Deze fase omvat de volgende onderdelen:

Verbetering

<u>Afwijkingen en corrigerende maatregelen</u>: Herstellen van tekortkomingen in maatregelen en processen.

<u>Continue verbetering</u>: Zorgdragen voor een cyclisch verbeterproces binnen het ISMS.

<u>Verbeteren van maatregelen:</u> Op basis van de inzichten uit de Check-fase worden maatregelen geëvalueerd en bijgestuurd:

- Inventariseren van verbeterpunten uit de Check-fase.
- Toetsen van tekortkomingen aan de afspraken met leveranciers.
- Aanvullende maatregelen uitvragen bij interne of externe partijen.
- Verbeteren, aanpassen en implementeren van maatregelen om effectiviteit en werkbaarheid te verhogen.

Einde Act-fase is start nieuwe Plan-fase
De Act-fase leidt naar een nieuwe Plan-fase, waarin de gehele cyclus wordt herzien en verbeterd. Onderwerpen die opnieuw geëvalueerd worden:
<u>Context van de organisatie</u>: Zijn interne en externe factoren gewijzigd?
<u>Leiderschap</u>: Is het beleid en de taakverdeling effectief en passend?
<u>Planning</u>: Zijn acties en doelstellingen nog relevant en haalbaar?
<u>Ondersteuning</u>: Zijn de beschikbare middelen, competenties en communicatie adequaat?

Deze iteratieve aanpak zorgt ervoor dat het ISMS continu verbetert en blijft voldoen aan de veranderende eisen en risico's.

Programma

- Algemeen
- ● Module 1: Begrippen en inleiding BIO
- Module 2: Organisatorische maatregelen
- Module 3: Fysieke en mensgerichte maatregelen
- Module 4: Technologische maatregelen

Module 1:

Inleiding BIO2

- De BIO2 is een document dat de context, verplichtingen en samenhang van informatiebeveiliging bij de overheid uitlegt.
- De BIO2 bestaat uit drie delen: een inleiding, verplichte beheersmaatregelen en implementatierichtlijnen, en een bijlage met best practices.
- De BIO2 is gebaseerd op de Cyberbeveiligingswet en is de voornaamste invulling van de zorgplicht van overheidsorganisaties.

Aantekeningen:

BIO2 inleiding

De BIO2 bestaat uit drie delen: 1) een inleiding waarin de context, verplichtingen en samenhang van de BIO worden uitgelegd, 2) de verplichte overheidsspecifieke beheersmaatregelen en implementatierichtlijnen, en 3) een bijlage met daarin de toelichting over best practices.

De overheid vervult een essentiële rol in de samenleving door bij te dragen aan de democratische rechtsstaat en het bieden van diensten aan burgers en bedrijven. Deze verantwoordelijkheden vereisen een zorgvuldige omgang met informatie.

Om deel te kunnen nemen aan de samenleving moeten burgers en bedrijven informatie met de overheid delen, soms zelfs verplicht, en zijn zij afhankelijk van de overheid om informatie te ontvangen. De overheid heeft vanuit deze unieke rol de plicht om zorgvuldig om te gaan met de beveiliging van die gegevens.

De Cyberbeveiligingswet verplicht overheidsorganisatie de BIO2 voor de sector 'Overheid' als voornaamste invulling van die zorgplicht.

Opbouw BIO2

- De BIO2 is een belangrijk document dat de basis legt voor informatiebeveiliging binnen de overheid.
- De BIO2 is gebaseerd op de Cyberbeveiligingswet en is de voornaamste invulling van de zorgplicht van overheidsorganisaties.

- De BIO2 bestaat uit drie onderdelen: Inleiding, BIO-overheidsmaatregelen en Bijlage toelichting.
- De BIO2 is bedoeld als kader voor informatiebeveiliging binnen de overheid.

Aantekeningen:

Leeswijzer

De Baseline Informatiebeveiliging Overheid 2 (BIO2) is opgebouwd uit drie onderdelen. 1) Inleiding - de context en het belang van informatiebeveiliging voor overheidsorganisaties, evenals de structuur en toepasselijkheid van de BIO. 2) BIO-overheidsmaatregelen - verplichte normen en richtlijnen, gebaseerd op internationale standaarden zoals NEN-EN-ISO/IEC 27001, aangevuld met specifieke overheidseisen. 3) Bijlage toelichting [in ontwikkeling] - praktische ondersteuning met extra toelichting of voorbeelden om de BIO-maatregelen effectief te implementeren. Samen vormen deze onderdelen een compleet kader voor informatiebeveiliging binnen de overheid.

Er worden voor de (ISO-)normen in dit document geen jaartallen gebruikt, daar waar gerefereerd wordt aan een andere norm wordt de meest actuele versie bedoeld.

Programma

- Algemeen
- ● Module 1: Begrippen en inleiding BIO
- Module 2: Organisatorische maatregelen
- Module 3: Fysieke en mensgerichte maatregelen
- Module 4: Technologische maatregelen

Structuur en toepasselijkheid van de BIO

De BIO biedt richtlijnen, principes en verplichte maatregelen voor het beschermen van informatie.

Het doel is overheidsbreed een gemeenschappelijk niveau van informatiebeveiliging te creëren.

De BIO zorgt voor vertrouwen tussen overheidsorganisaties en partners.

De BIO is gebaseerd op de NEN-EN-ISO/IEC 27001 en NEN-EN-ISO/IEC 27002 normen.

Aantekeningen:

Structuur en toepasselijkheid van de BIO

De Baseline Informatiebeveiliging Overheid (BIO) is het verplichte normenkader voor informatiebeveiliging binnen alle overheidsorganisaties. Het biedt richtlijnen, algemene principes en verplichte overheidsmaatregelen voor het initiëren, implementeren, onderhouden en verbeteren van informatiebeveiliging binnen de overheid en haar ketens.

Het doel van de BIO is om de informatieveiligheid overheidsbreed op een gemeenschappelijk basisniveau te brengen en daardoor ook de ketenpartners een basis voor vertrouwen te geven bij gegevensuitwisseling. De aanpak conform de BIO vraagt inspanning door ketenorganisaties en eenduidige samenwerking.

Daarnaast biedt de BIO een basis voor overheidsorganisaties om zowel intern als extern transparant te zijn over de wijze waarop informatiebeveiliging is ingericht. Met de BIO hanteert de overheid één gezamenlijke taal en een gezamenlijk doel op het gebied van informatiebeveiliging.

De BIO is samengesteld uit de aanpak van de NEN-EN-ISO/IEC 27001 (het managementsysteem), de beheersmaatregelen en implementatierichtlijnen uit de NEN-EN-ISO/IEC 27002 en aanvullende verplichte overheidsspecifieke maatregelen en -richtlijnen.

Programma

- Algemeen
- ● Module 1: Begrippen en inleiding BIO
- Module 2: Organisatorische maatregelen
- Module 3: Fysieke en mensgerichte maatregelen
- Module 4: Technologische maatregelen

Toepassing BIO

De BIO is verplicht voor alle organisaties die onder de sector 'Overheid' vallen.

De Cyberbeveiligingswet (Cbw) definieert de criteria voor een organisatie als overheid.

De BIO is van toepassing op alle informatiesystemen, zowel digitaal als fysiek.

De BIO omvat alle typen omgevingen, inclusief operationele technologie (OT) en zorginformatie.

Aantekeningen:

Toepassing BIO

Met de Cyberbeveiligingswet (Cbw) is de BIO verplicht voor alle organisaties die vallen onder de sector 'Overheid' en geldt voor alle informatiesystemen, zowel digitaal als fysiek, binnen deze organisaties. In de Cbw is beschreven op basis van welke criteria een organisatie als overheid wordt gezien.

De BIO is van toepassing op de informatiebeveiliging van alle typen omgevingen, onder andere ook operationele technologie (OT) en zorginformatie en brengt deze op het noodzakelijke niveau met behulp van normen en richtlijnen zoals de NEN 7510 en Cybersecurity implementatierichtlijn (CSIR).

De term **"informatiesysteem":**
Een informatiesysteem is "een samenhangend geheel van gegevensverzamelingen, en de daarbij behorende personen, procedures, processen en programmatuur alsmede de voor het informatiesysteem getroffen voorzieningen voor opslag, verwerking en communicatie". Het gaat dus expliciet niet alleen om technische (ICT) systemen, maar ook om informatie en organisatie.

Programma

Algemeen

- Module 1: Begrippen en inleiding BIO

Module 2: Organisatorische maatregelen

Module 3: Fysieke en mensgerichte maatregelen

Module 4: Technologische maatregelen

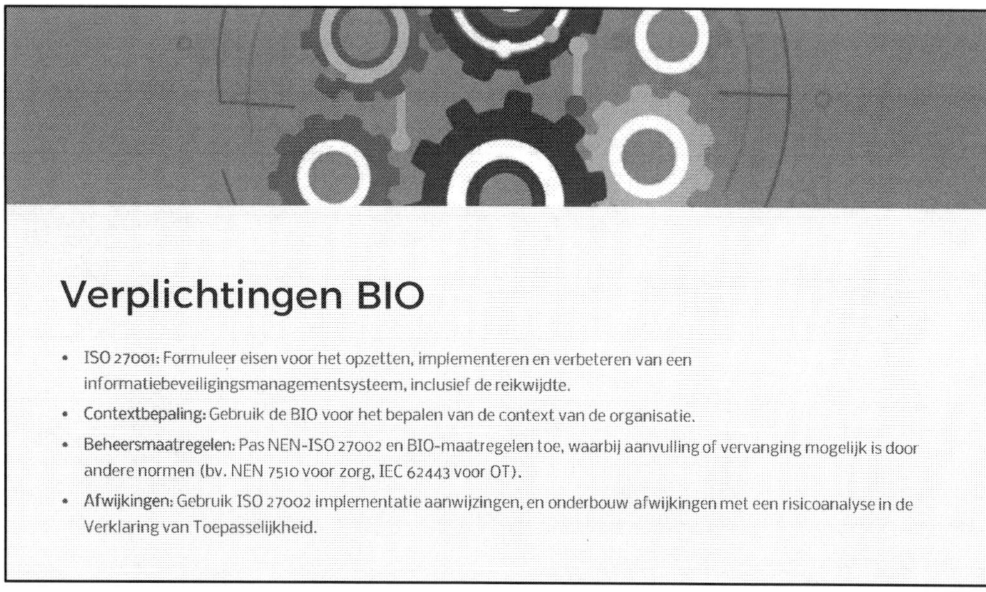

Aantekeningen:

Verplichtingen BIO

De BIO stelt de volgende verplichtingen aan overheidsorganisaties:

NEN-EN-ISO/IEC 27001 moet worden toegepast op het formuleren van eisen voor het vaststellen, implementeren, bijhouden en continu verbeteren van een managementsysteem voor informatiebeveiliging en het vaststellen van het toepassingsgebied (de reikwijdte) van dit managementsysteem.

Voor het bepalen van de context van de organisatie neemt de organisatie minimaal de beschreven context uit de BIO bij het inrichten, implementeren, in stand houden en continu verbeteren van het managementsysteem voor informatiebeveiliging..

NEN-EN-ISO 27002 én de verplichte overheidsspecifieke maatregelen en richtlijnen uit de BIO moeten worden toegepast op het formuleren van beheersmaatregelen, hierbij rekening houdend met de omgeving(en) waarin de informatiebeveiligingsrisico's gelden. De maatregelen uit de NEN-ISO/IEC 27002 en BIO kunnen, waar nodig, gelijkwaardig worden vervangen of gecombineerd met beheersmaatregelen uit andere normen en richtlijnen, zoals voor zorginformatie de NEN 7510 en voor Operationele Technology (OT) de CSIR en IEC 62443.

Er bestaan beheersmaatregelen zonder overheidsmaatregelen: Als een dergelijke beheersmaatregel van toepassing is dan moet gebruik gemaakt worden van de bijbehorende implementatieaanwijzing uit de NEN-EN-ISO/IEC 27002. Afwijken of niet toepassen van bovenliggende beheersmaatregel moet worden onderbouwd met een risicoanalyse en de referentie naar deze analyse moet in een bijlage uitzonderingen opgenomen zijn in de Verklaring van Toepasselijkheid.

Programma

Algemeen

- Module 1: Begrippen en inleiding BIO

Module 2: Organisatorische maatregelen

Module 3: Fysieke en mensgerichte maatregelen

Module 4: Technologische maatregelen

Het managementsysteem voor informatiebeveiliging

Het managementsysteem voor informatiebeveiliging (ISMS) is een gestructureerde werkwijze om informatiebeveiliging toe te passen. De organisatie, en een bestuurder, kan zo de juiste afwegingen maken.

Een managementsysteem is geen applicatie. Een applicatie kan wel ondersteunen bij het toepassen van een managementsysteem.

Aantekeningen:

Het managementsysteem voor informatiebeveiliging

Het managementsysteem voor informatiebeveiliging (Information Security Management Systeem, ook wel ISMS) is een werkwijze om informatiebeveiliging op een gestructureerde manier toe te passen in de organisatie. Zo wordt de organisatie, en een bestuurder in het bijzonder, in staat gesteld om de juiste afwegingen te maken.

!!! info "De term managementsysteem" Om een veelvoorkomend misverstand te voorkomen: een managementsysteem is géén applicatie. Een applicatie kan wel ondersteunen bij het toepassen van een managementsysteem.

De BIO schrijft voor dat het managementsysteem van een organisatie voldoet aan de norm NEN-EN-ISO/IEC 27001. Bij het bepalen van de reikwijdte van het managementsysteem moet een organisatie minimaal de bedrijfsprocessen en informatiesystemen opnemen die kritisch zijn voor haar dienstverlening, waarbij aantasting van de beschikbaarheid, integriteit of vertrouwelijkheid zou leiden tot onacceptabele impact.

Het managementsysteem voor informatiebeveiliging borgt de beschikbaarheid, integriteit en vertrouwelijkheid van informatie door een risicomanagementproces toe te passen, en geeft belanghebbenden het vertrouwen dat risico's adequaat worden beheerd.

Het is belangrijk dat het managementsysteem voor informatiebeveiliging deel uitmaakt van en geïntegreerd is met de procedures van de organisatie en met de algehele managementstructuur, en dat informatiebeveiliging in aanmerking wordt genomen bij het ontwerpen van processen, informatiesystemen en beheersmaatregelen.

Reikwijdte managementsysteem

Bedrijfskritische bedrijfsprocessen

- Een organisatie moet minimaal de bedrijfsprocessen en informatiesystemen opnemen die kritisch zijn voor haar dienstverlening.

Ondersteunende bedrijfsprocessen

- De overheidsorganisatie zelf bepaalt in welke mate de ondersteunende processen worden opgenomen in het managementsysteem.

Aantekeningen:

Reikwijdte managementsysteem

Bij het bepalen van de reikwijdte van het managementsysteem moet een organisatie minimaal de bedrijfsprocessen en informatiesystemen opnemen die kritisch zijn voor haar dienstverlening. Het is aan de overheidsorganisaties zelf om te bepalen in welke mate de ondersteunende processen zijn opgenomen in het managementsysteem.

Waar overheden gelijkwaardige processen hanteren is het aanbevolen om, waar beschikbaar, gebruik te maken van de analyse van reikwijdte en het ondersteuningsaanbod die een koepelorganisatie heeft uitgevoerd.

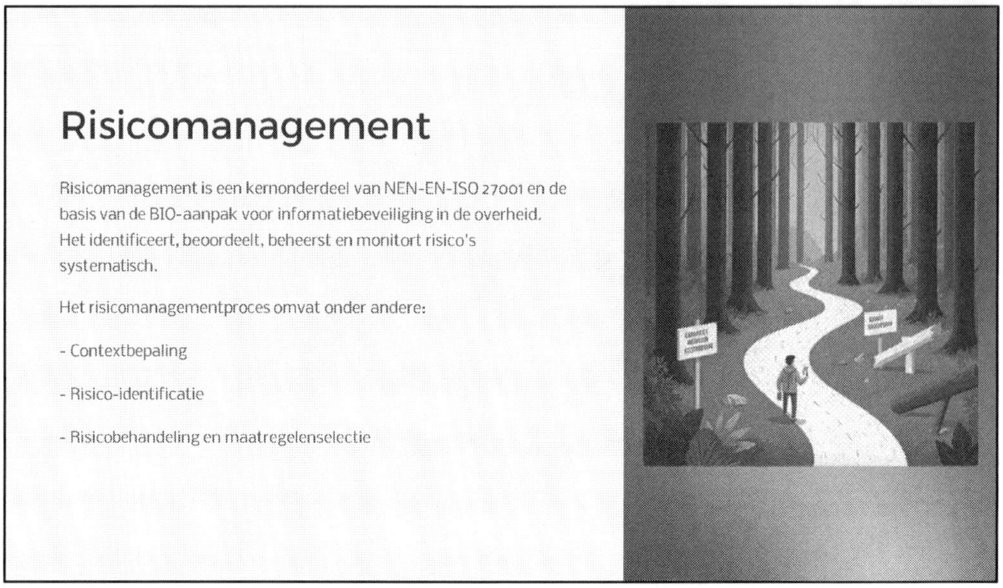

Aantekeningen:

Risicomanagement

Risicomanagement is een kernonderdeel van de NEN-EN-ISO 27001-norm en vormt ook de basis van de BIO-aanpak voor informatiebeveiliging binnen de overheid. De processen zijn ontworpen om risico's systematisch te identificeren, beoordelen, beheersen en continu te monitoren. Het risicomanagementproces verloopt in hoofdlijnen als volgt:

- Contextbepaling

- Risico-identificatie

- Risicobehandeling en maatregelenselectie

- Verklaring van toepasselijkheid (statement of applicability)

- Samenstelling overheidsmaatregelen

- Continue ontwikkeling

Programma

Algemeen

- Module 1: Begrippen en inleiding BIO

Module 2: Organisatorische maatregelen

Module 3: Fysieke en mensgerichte maatregelen

Module 4: Technologische maatregelen

Contextbepaling

De BIO vereist dat overheidsinstanties minimaal de context beschrijven zoals beschreven in de BIO, waaronder de sector "Overheid" en specifieke informatiebeveiligingseisen.

Dit omvat zowel interne als externe factoren die de beveiliging van informatie (systemen) en de bijbehorende wettelijke verplichtingen uit de Cyberbeveiligingswet beïnvloeden.

Aantekeningen:

Risicomanagement - Contextbepaling

Volgens de NEN-EN-ISO/IEC 27001 moet een organisatie eerst haar context vaststellen om relevante informatiebeveiligingsrisico's te identificeren. De BIO vereist hierbij dat overheidsorganisaties minimaal de in de BIO beschreven context meenemen, waaronder de sector 'Overheid' en de specifieke informatiebeveiligingseisen. Dit omvat zowel interne als externe factoren die invloed hebben op de beveiliging van informatie(systemen), en de daarmee samenhangende wettelijke verplichtingen uit de Cyberbeveiligingswet.

Programma

- Algemeen
- Module 1: Begrippen en inleiding BIO
- Module 2: Organisatorische maatregelen
- Module 3: Fysieke en mensgerichte maatregelen
- Module 4: Technologische maatregelen

Aantekeningen:

Risico-identificatie

In deze stap inventariseert de organisatie potentiële risico's voor haar informatie(systemen), waarbij gebruik wordt gemaakt van de NEN-EN-ISO/IEC 27001-standaarden en specifieke overheidsmaatregelen uit de BIO. Voorbeelden hiervan zijn risico’s die voortkomen uit ketenafhankelijkheden, operationele technologie (OT), of gegevensuitwisseling met zorginstellingen. De BIO biedt hierbij richtlijnen die relevant zijn voor overheidsspecifieke omgevingen, zoals de Cybersecurity Implementatierichtlijn (CSIR) voor OT.

Programma

- Algemeen
- ● Module 1: Begrippen en inleiding BIO
- Module 2: Organisatorische maatregelen
- Module 3: Fysieke en mensgerichte maatregelen
- Module 4: Technologische maatregelen

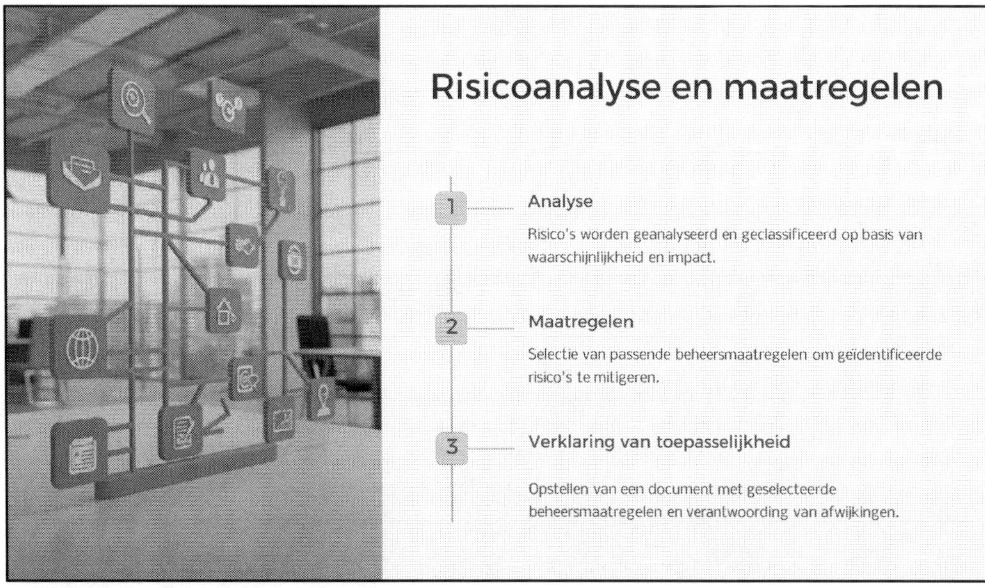

Aantekeningen:

Risicobehandeling en maatregelenselectie

De geïdentificeerde risico's worden geanalyseerd en geclassificeerd op basis van hun waarschijnlijkheid en impact. Hierbij worden de NEN-EN-ISO/IEC 27001-methoden gebruikt, ondersteund door de BIO-richtlijnen. Het classificeren van risico's zorgt voor een consistent beeld van de risicoprioriteiten binnen de organisatie en de overheid als geheel.

Op basis van de risicoanalyse kiest de organisatie passende beheersmaatregelen om risico's te mitigeren. NEN-EN-ISO/IEC 27001 biedt beheersmaatregelen die zijn vastgelegd in NEN-EN-ISO/IEC 27002, en de BIO voegt hier verplichte overheidsmaatregelen aan toe die aansluiten op de context van de overheid.

Verklaring van toepasselijkheid

ISO 27001 vereist dat organisaties een verklaring van toepasselijkheid (statement of applicability) opstellen waarin zij de beheersmaatregelen vastleggen en toelichten welke zijn geïmplementeerd. Overheidsorganisaties moeten hierin ook de BIO-maatregelen expliciet opnemen. Eventuele afwijkingen of niet-toepasbare maatregelen moeten worden verantwoord.

Monitoring en continue verbetering

De NEN-EN-ISO/IEC 27001 en de BIO leggen de nadruk op continu verbeteren. Organisaties dienen hun risicomanagement te onderhouden en regelmatig te evalueren om de effectiviteit van maatregelen te waarborgen. Wijzigingen in wetgeving of nieuwe bedreigingen kunnen aanleiding geven om de risicoanalyse en beheersmaatregelen bij te werken. Interne audits, managementbeoordelingen en gestroomlijnde documentatie binnen het Information Security Management System (ISMS) zorgen ervoor dat het risicomanagement actueel blijft.

Programma

- Algemeen
- ● Module 1: Begrippen en inleiding BIO
- Module 2: Organisatorische maatregelen
- Module 3: Fysieke en mensgerichte maatregelen
- Module 4: Technologische maatregelen

Aantekeningen:

Samenstelling overheidsmaatregelen

De set overheidsmaatregelen vormt een eerste stap naar een goed niveau van informatiebeveiliging voor elke (overheids)organisatie en moet zonder meer worden geïmplementeerd, ongeacht de mate van risico-acceptatie. Deze set bestaat uit basismaatregelen, aangevuld met ketenmaatregelen en maatregelen specifiek voor overheidsrisico's. Het doel is hiermee een minimumstandaard te waarborgen`.

Basishygiëne: Aan deze maatregelen dient minimaal voldaan te worden om aan NIS2 te kunnen voldoen.

Ketenrisico's: maatregelen die bijdragen aan het mitigeren van risico's in de keten van overheden en waarbij gezamenlijk handelen door de overheid nodig is.

Overheidsrisico's: mitigeren van universele informatieveiligheidsrisico's die gelden voor de gehele overheid.

Programma

- Algemeen
- ● Module 1: Begrippen en inleiding BIO
- Module 2: Organisatorische maatregelen
- Module 3: Fysieke en mensgerichte maatregelen
- Module 4: Technologische maatregelen

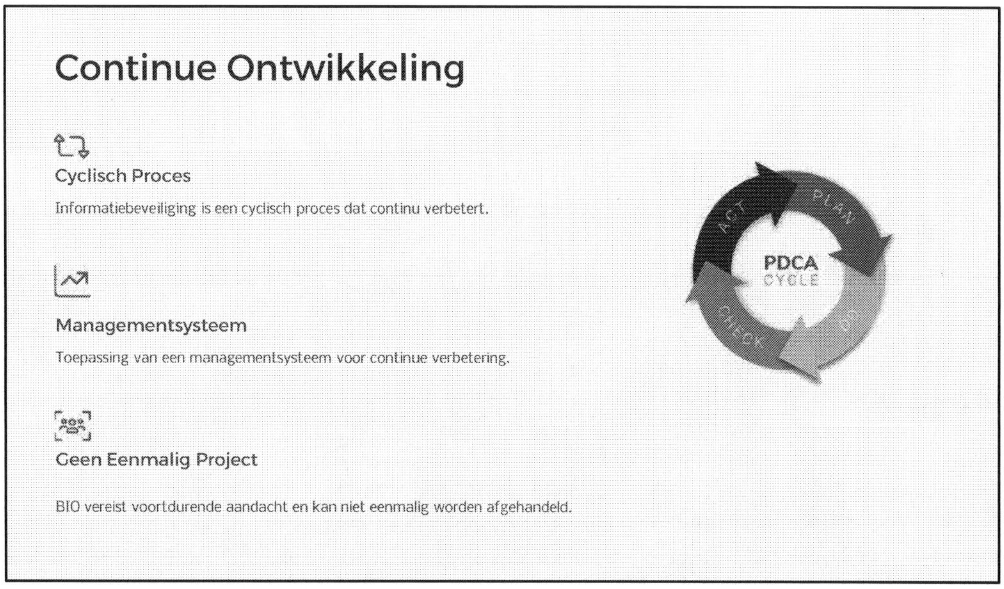

Aantekeningen:

Continue ontwikkeling

Informatiebeveiliging is een cyclisch proces. De BIO kan niet afgedaan worden met een eenmalig project. Door het toepassen van een managementsysteem blijft een organisatie continu ontwikkelen en verbeteren.

Aantekeningen:

Transparantie en verantwoording

Burgers moeten de overheid kunnen vertrouwen. Dit wordt bereikt door transparant te zijn over de inrichting en de staat van informatieveiligheid en daar verantwoording over af te leggen aan burgers, toezichthouders, ketenpartners en stelselverantwoordelijken.

Een managementsysteem voor informatiebeveiliging (ISMS) is een belangrijke manier om gestructureerde verantwoording te ondersteunen.

Het is vanuit de NEN-EN-ISO/IEC 27001 verplicht om een reikwijdte, ook wel scope, van het ISMS en een zogenaamde verklaring van toepasselijkheid te hanteren. Het publiceren van de reikwijdte van het ISMS en de bijbehorende verklaring van toepasselijkheid draagt bij aan transparantie over de inrichting van informatiebeveiliging door de overheid. Niet publiceren van deze informatie zou een onnodige drempel opwerpen voor burgers. Het publiceren van de reikwijdte en de verklaring van toepasselijkheid is daarom verplicht voor een overheidsorganisatie. Een voorbeeld van een verklaring van toepasselijkheid is opgenomen in de BIO2.

Programma

- Algemeen
- ● Module 1: Begrippen en inleiding BIO
- Module 2: Organisatorische maatregelen
- Module 3: Fysieke en mensgerichte maatregelen
- Module 4: Technologische maatregelen

Toezicht en Wettelijke Borging Informatiebeveiliging Overheden

De BIO-aanpak vormt de basis voor het invullen van de zorgplicht van de Cyberbeveiligingswet door overheden. De standaarden NEN-EN-ISO/IEC 27001 en 27002 zijn de fundamenten van de BIO.

Aantekeningen:

Toezicht

De BIO-aanpak is de basis voor het invullen van de zorgplicht van de Cyberbeveiligingswet door overheden. De standaarden NEN-EN-ISO/IEC 27001 en 27002 vormen de basis van de BIO. Het is aangeraden voor toezichthouders om deze standaarden te hanteren. De elementen uit het ISMS vormen de basis om het managementsysteem te toetsen, inclusief de verplichte overheidsmaatregelen uit de BIO.

Certificering aan de hand van de NEN-EN-ISO/IEC 27001 is niet verplicht vanuit de BIO. Certificering draagt wel bij aan het vereenvoudigen van de verantwoording en geeft op basis van een onafhankelijke beoordeling aan dat de organisatie in staat is om informatiebeveiliging procesmatig uit te voeren.

Aantekeningen:

Wettelijke borging informatiebeveiliging overheden

De BIO is expliciet niet bedoeld om alle beveiligingseisen van de overheid af te dekken. Elke overheidsorganisatie is zelf verantwoordelijk om vast te stellen welke interne en externe eisen, waaronder ook wet- en regelgeving, van toepassing zijn. De BIO bevat wel overheidsmaatregelen die in lijn zijn met andere wet- en regelgeving, maar is daarin zeker niet uitputtend.

Binnen de overheid bestaan meerdere normen voor informatiebeveiliging. Naast de BIO zijn er bijvoorbeeld de Nederlandse normen NEN 7510 voor verwerkers van zorginformatie en de CSIR voor operationele technologie (OT). Managementsystemen en beheersmaatregelen volgens deze normen kunnen worden geïntegreerd in een managementsysteem voor informatiebeveiliging op basis van de NEN-ISO/IEC 27001.

Programma

Algemeen

- Module 1: Begrippen en inleiding BIO

Module 2: Organisatorische maatregelen

Module 3: Fysieke en mensgerichte maatregelen

Module 4: Technologische maatregelen

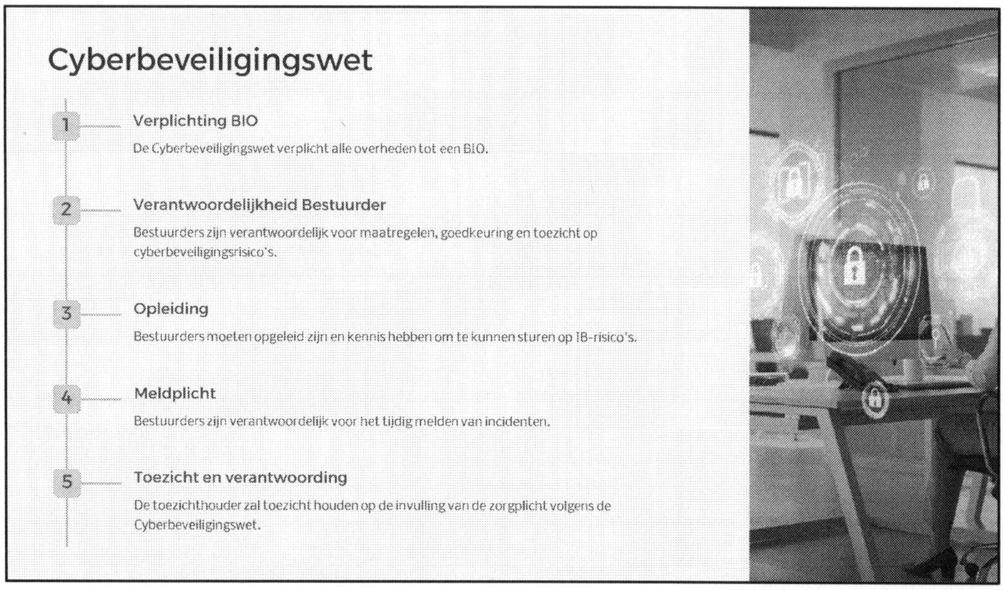

Aantekeningen:

Cyberbeveiligingswet

Voor overheden is in de Cyberbeveiligingswet vastgelegd op welke wijze de zorgplicht voor informatiebeveiliging moet worden ingevuld. Hieronder volgt een samenvatting van de belangrijkste punten die betrekking hebben op het toepassen van de BIO:

•**Verplichting BIO**: De BIO is via de Cyberbeveiligingswet verplicht voor alle overheden die vallen onder de sector 'Overheid'.

•**Verantwoordelijkheid bestuurder**: De bestuurder is verantwoordelijk voor:

- Het treffen van passende en proportionele technische, operationele en organisatorische maatregelen om de risico's te beheren, afgestemd op de risico's die zich voordoen.
- Het goedkeuren van te nemen maatregelen voor het beheer van cyberbeveiligingsrisico's.
- Het toezien op de uitvoering en het beheer ervan.

•**Opleiding**: Bestuurders moeten opgeleid zijn en kennis hebben om te kunnen sturen op informatiebeveiligingsrisico's. Zij moeten ervoor zorgen dat werknemers regelmatig opleiding of training volgen aangaande het onderwerp. De opleiding moet voldoen aan de invulling van de Cyberbeveiligingswet voor de sector 'Overheid'.

•**Meldplicht**: Bestuurders zijn verantwoordelijk voor het tijdig melden van incidenten. Overheden moeten binnen de doorlooptijden, zoals bepaald in de Cyberbeveiligingswet, een melding maken van een meldplichtig incident.

•**Toezicht en verantwoording**: De toezichthouder houdt toezicht op de invulling van de zorgplicht volgens de Cyberbeveiligingswet. De RDI is als toezichthouder aangewezen voor de sector 'Overheid'.

Aanvullende Normen Overheidslagen

Generieke Beveiliging

De BIO richt zich op generieke informatiebeveiliging van overheidsorganisaties.

Specifieke Maatregelen

Overheidslagen hebben te maken met specifieke dreigingen en kunnen aanvullende maatregelen nemen.

Andere Normen

Naast BIO bestaan normen als NEN 7510, NEN-EN-ISO 22301, voor BCM en crisismanagement en de CSIR voor operationele technologie (OT).

Aantekeningen:

Aanvullende normen overheidslagen

De BIO richt zich op de generieke informatiebeveiliging van overheidsorganisaties. De verschillende overheidslagen hebben te maken met specifieke dreigingen. Het staat ze vrij om voor hun overheidslagen specifieke aanvullende maatregelen te benoemen en die, afhankelijk van de interne besluitvorming, verplichtend of adviserend door te voeren.

Binnen de overheid bestaan meerdere normen voor informatiebeveiliging. Naast de BIO zijn er bijvoorbeeld de Nederlandse normen NEN 7510, voor verwerkers van zorginformatie, de NEN-EN-ISO 22301, voor BCM en crisismanagement en de CSIR voor operationele technologie (OT). De basis van die normen is de internationale norm NEN-EN-ISO/IEC 27001 en NEN-EN-ISO/IEC 27002. Daarmee vallen de twee onderdelen samen: risicomanagement en maatregelen die specifiek passen bij de context.

Governance en Informatiebeveiliging bij Overheidsorganisaties

Informatiebeveiliging is cruciaal voor overheidsorganisaties. De bestuurder is verantwoordelijk

Een solide structuur volgens NEN-EN-ISO/IEC 27001 is essentieel voor effectieve implementatie.

Aantekeningen:

Governance

De bestuurder van een overheidsorganisatie is verantwoordelijk voor het beheersen van informatiebeveiligingsrisico's.. De bestuurder kan dat niet alleen. Om informatiebeveiliging gedegen in te regelen is een structuur nodig. Het is aan de organisatie om deze structuur aan te brengen volgens de NEN-EN-ISO/IEC 27001.

Voor overheden is er een aantal rollen die standaard deel uitmaken van informatiebeveiliging van een overheidsorganisatie. Deze rollen komen ook terug in de uitwerking van de BIO-overheidsmaatregelen.

Programma

- Algemeen
- ● Module 1: Begrippen en inleiding BIO
- Module 2: Organisatorische maatregelen
- Module 3: Fysieke en mensgerichte maatregelen
- Module 4: Technologische maatregelen

Organisatiestructuur voor Informatiebeveiliging

Bestuurder
Eindverantwoordelijk voor informatiebeveiliging

Lijnmanagement
Verantwoordelijk voor implementatie

CISO
Coördineert informatiebeveiliging

Interne toezichthouder
Ondersteunt bij toezicht

Aantekeningen:

Bestuurder

De bestuurder is verantwoordelijk voor het treffen van passende en evenredige technische, operationele en organisatorische maatregelen en moet toezien op de naleving daarvan. Kortgezegd is de bestuurder er verantwoordelijk voor dat het risicomanagement is gericht op het borgen van de digitale weerbaarheid van de organisatie. Voor de vier overheidslagen is in de Cyberbeveiligingswet voor de sector 'Overheid' gedefinieerd welke bestuurders worden bedoeld voor gemeenten, provincies, de rijksoverheid en waterschappen, zoals verder gespecificeerd in de invulling van de Cyberbeveiligingswet. De bestuurder laat zich daarbij adviseren door functionarissen zoals een Chief Information Security Officer (CISO), Chief Information Officer (CIO), en functionaris gegevensbescherming (FG).

Lijnmanagement

Het lijnmanagement is de eigenaar van informatie(systemen) en is daarmee verantwoordelijk voor het identificeren van dreigingen en risico's ten aanzien van deze informatie(systemen). Het lijnmanagement is verantwoordelijk voor het toepassen van de verplichte beheersmaatregelen en overheidsmaatregelen uit de BIO voor het informatiesysteem. Bij afwijkingen van maatregelen vraagt het lijnmanagement advies aan de CISO.

CISO

De CISO is verantwoordelijk voor de coördinatie van informatiebeveiliging, maar niet voor de informatiebeveiliging door het lijnmanagement. De CISO vertaalt wetgeving en bedrijfsdoelstellingen naar een informatiebeveiligingsbeleid en rapporteert aan het bestuur over de naleving van de BIO. De CISO geeft gevraagd en ongevraagd advies aan de bestuurder.

Interne toezichthouder

Een bestuurder moet toezien op de toepassing van informatiebeveiliging in de organisatie. Een interne toezichthouder kan hierbij helpen.

Programma

- Algemeen
- ● Module 1: Begrippen en inleiding BIO
- Module 2: Organisatorische maatregelen
- Module 3: Fysieke en mensgerichte maatregelen
- Module 4: Technologische maatregelen

Rol van de Bestuurder

De bestuurder draagt de eindverantwoordelijkheid voor het treffen van passende en evenredige technische, operationele en organisatorische maatregelen voor informatiebeveiliging. Het risicomanagement moet gericht zijn op het borgen van de digitale weerbaarheid van de organisatie.

Voor de vier overheidslagen (gemeenten, provincies, rijksoverheid en waterschappen) wordt de invulling van de bestuurdersfunctie gedefinieerd binnen de Cyberbeveiligingswet voor de sector 'Overheid'.

Aantekeningen:

Bestuurder

De bestuurder is verantwoordelijk voor het treffen van passende en proportionele technische, operationele en organisatorische maatregelen en moet toezien op de naleving daarvan. Kortgezegd is de bestuurder er verantwoordelijk voor dat het risicomanagement is gericht op het borgen van digitale weerbaarheid van de organisatie. Voor de vier overheidslagen is in de Cyberbeveiligingswet voor de sector 'Overheid' gedefinieerd welke bestuurders worden bedoeld voor gemeenten, provincies, de rijksoverheid en waterschappen, zoals verder gespecificeerd in de invulling van de Cyberbeveiligingswet.

Ondersteunende Rollen

Bestuursadviseurs

De bestuurder wordt geadviseerd door functionarissen zoals de Chief Information Security Officer (CISO), Chief Information Officer (CIO) en functionaris gegevensbescherming (FG).

Interne toezichthouder

Ondersteunt de bestuurder bij het toezicht op de toepassing van informatiebeveiliging in de organisatie.

Aantekeningen:

Bestuursadviseurs

De bestuurder laat zich daarbij adviseren door functionarissen, zoals een Chief Information Security Officer (CISO), Chief Information Officer (CIO) en functionaris gegevensbescherming (FG).

Interne toezichthouder

Een bestuurder moet toezien op de toepassing van informatiebeveiliging in de organisatie. Een interne toezichthouder kan helpen bij dit toezicht.

Programma

- Algemeen
- Module 1: Begrippen en inleiding BIO
- Module 2: Organisatorische maatregelen
- Module 3: Fysieke en mensgerichte maatregelen
- Module 4: Technologische maatregelen

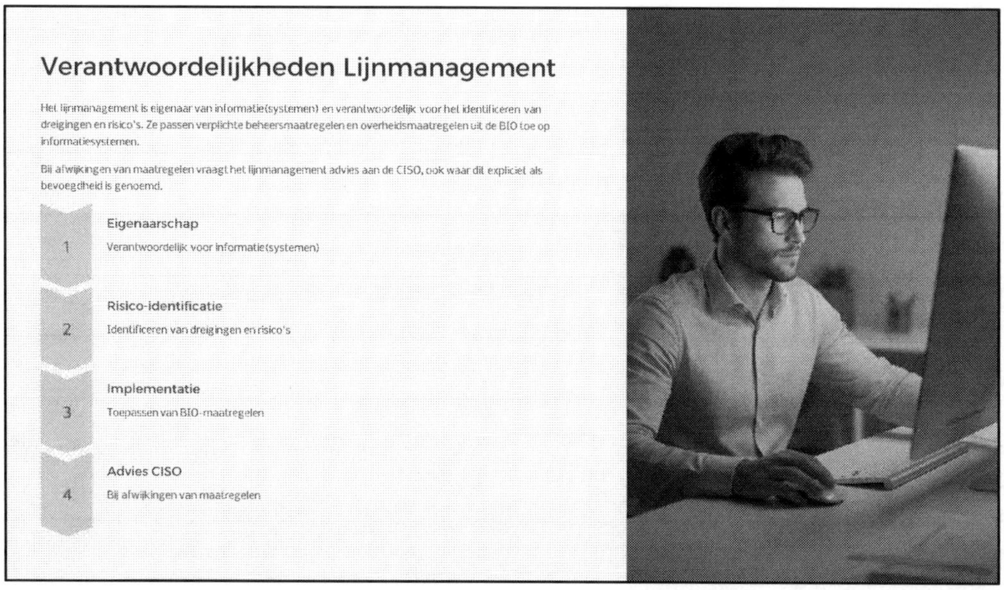

Aantekeningen:

Lijnmanagement

Het lijnmanagement is de eigenaar van informatie(systemen) en is daarmee verantwoordelijk voor het identificeren van dreigingen en risico's ten aanzien van deze informatie(systemen). Het lijnmanagement is verantwoordelijk voor het toepassen van de verplichte beheersmaatregelen en overheidsmaatregelen uit de BIO voor het informatiesysteem. In alle gevallen waar het lijnmanagement afwijkt van maatregelen, ook waar dat expliciet als bevoegdheid genoemd is, vraagt het lijnmanagement aan de CISO om advies.

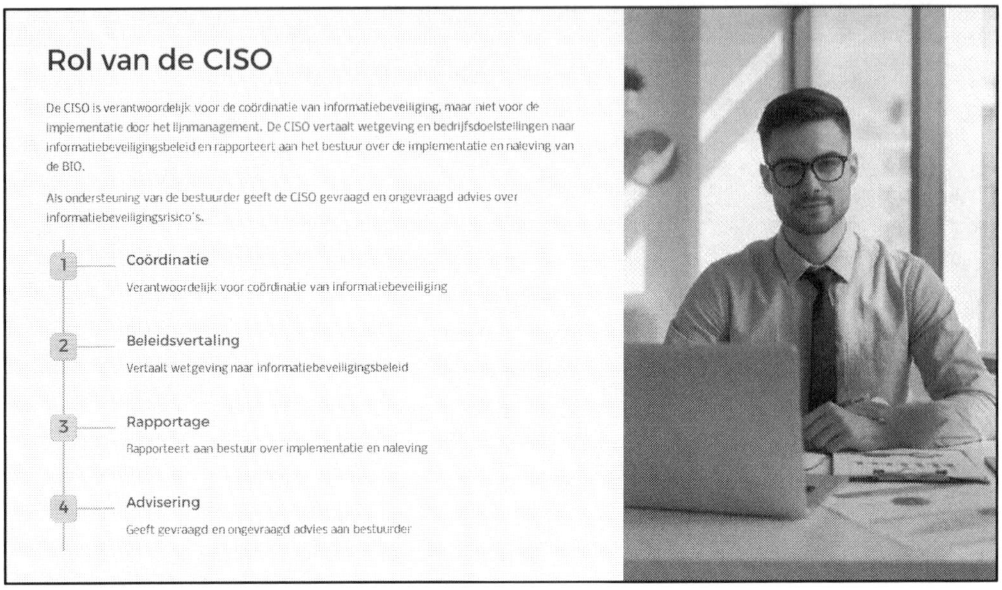

Aantekeningen:

CISO

De CISO is verantwoordelijk voor de coördinatie van informatiebeveiliging.

De CISO uitdrukkelijk niet verantwoordelijk voor de informatiebeveiliging door het lijnmanagement. De CISO vertaalt wetgeving en bedrijfsdoelstellingen naar een informatiebeveiligingsbeleid en rapporteert aan het bestuur hoe het lijnmanagement het informatiebeveiligingsbeleid implementeert en op welke wijze wordt voldaan aan de BIO, om ervoor zorg te dragen dat de bestuurder geïnformeerde besluiten kan maken over de behandeling van informatiebeveiligingsrisico's.

De CISO is ondersteunend aan de bestuurder en moet gevraagd en ongevraagd advies kunnen geven aan de bestuurder.

Programma

Algemeen

● Module 1: Begrippen en inleiding BIO

Module 2: Organisatorische maatregelen

Module 3: Fysieke en mensgerichte maatregelen

Module 4: Technologische maatregelen

Aantekeningen:

Leveranciers

Leveranciers bieden diensten en/of producten aan overheidsorganisaties. Een overheidsorganisatie blijft zelf verantwoordelijk voor het behandelen van risico's die betrekking hebben op de uitbestede of ingekochte dienst of product.

Afhankelijk van het risico behoren daarom verplichtingen van de overheid die volgen uit de BIO of uit andere richtlijnen te worden meegenomen bij het samenstellen van inkoopeisen aan leveranciers. De BIO verwijst naar de Inkoopeisen Cybersecurity Overheid (ICO) voor de basis van het stellen van eisen aan leveranciers.

Soorten Overheidsinformatie

Overheden verwerken verschillende soorten informatie. Het is aan de organisatie zelf om te bepalen welke typen informatie worden verwerkt en welke aanvullende beveiligingsmaatregelen nodig zijn. Bij deze afweging moeten minimaal de volgende typen gegevens worden overwogen:

1. **Open data**
   Publiek toegankelijke informatie
2. **(Bijzondere) persoonsgegevens**
   Gevoelige informatie over individuen
3. **Gevoelige of interne informatie**
   Niet-openbare organisatiegegevens
4. **Gerubriceerde informatie**
   Informatie met een beveiligingsclassificatie

Aantekeningen:

Soorten overheidsinformatie

Overheden kennen verschillende soorten informatie. Het is aan de organisatie zelf om te bepalen welk typen informatie wordt verwerkt door de organisatie en welke aanvullende beveiligingsmaatregelen getroffen moeten worden. Bij deze afweging moeten in ieder geval – en niet uitsluitend - de volgende typen gegevens worden afgewogen:

Open data
(Bijzondere) persoonsgegevens
Gevoelige of interne informatie
Gerubriceerde informatie

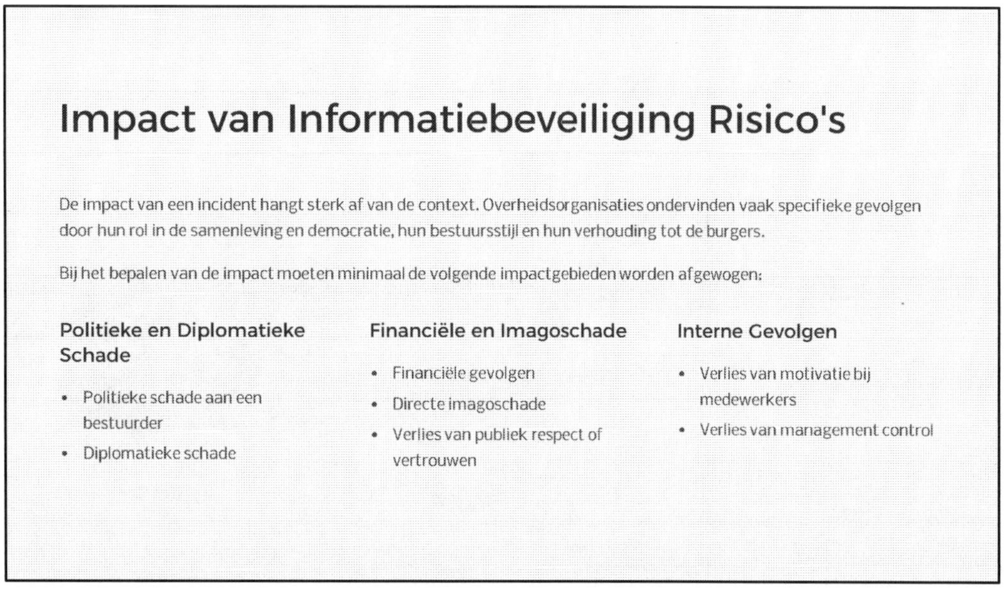

Aantekeningen:

Impact van risico's

De impact van een incident hangt sterk af van de context. Overheidsorganisaties ondervinden vaak specifieke gevolgen door hun rol in de samenleving en democratie, hun bestuursstijl en hun verhouding tot de burgers. Bij het bepalen van de impact moeten minimaal onderstaande impactsgebieden worden afgewogen.

Politieke schade aan een bestuurder

Diplomatieke schade

Financiële gevolgen

Directe imagoschade

Verlies van publiek respect of vertrouwen

Organisatiebrede negatieve publiciteit

Significant verlies van motivatie van medewerkers

Belangrijk verlies van management control

De impactgebieden kunnen tevens bijdragen aan begrip bij de uitwisseling van impact met ketenpartners.

Programma

Algemeen

- Module 1: Begrippen en inleiding BIO

Module 2: Organisatorische maatregelen

Module 3: Fysieke en mensgerichte maatregelen

Module 4: Technologische maatregelen

Relatie tot Aanverwante Onderwerpen

De BIO richt zich specifiek op informatiebeveiliging. Aanpalende onderwerpen zoals privacy, informatievoorziening, beheersprocessen en business continuity hebben vaak aparte standaarden. Deze onderwerpen worden niet uitgewerkt in de BIO, maar waar nuttig wordt ernaar verwezen.

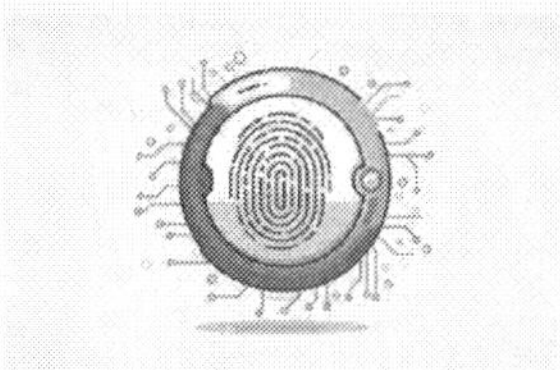

Privacy

Bescherming van persoonsgegevens

Beheersprocessen

Procedures voor organisatiecontrole

Business Continuity

Waarborgen van bedrijfscontinuïteit

Aantekeningen:

Relatie tot informatie/beheer/business continuity

De BIO richt zich op informatiebeveiliging. Onderwerpen zoals privacy, informatievoorziening, beheersprocessen en business continuity zijn aanpalend aan informatiebeveiliging. Voor deze onderwerpen zijn vaak aparte standaarden opgezet. Deze onderwerpen worden daarom niet uitgewerkt in de BIO. Daar waar nuttig wordt verwezen naar deze separate standaarden.

Programma

- Algemeen
- Module 1: Begrippen en inleiding BIO
- ● Module 2: Organisatorische maatregelen
- Module 3: Fysieke en mensgerichte maatregelen
- Module 4: Technologische maatregelen

Module 2:

Organisatorische Maatregelen

- Organisatorische maatregelen richten zich op het opstellen van beleid, processen en richtlijnen om informatiebeveiliging te waarborgen.
- Denk aan het implementeren van een ISMS (Information Security Management System) en het definiëren van verantwoordelijkheden en procedures.

Aantekeningen:

Organisatorische maatregelen vormen de basis voor een gestructureerde aanpak van informatiebeveiliging. Het omvat het vaststellen van een informatiebeveiligingsbeleid, risicomanagement, incidentmanagement en compliance. Het juiste beleid helpt medewerkers om hun taken consistent en volgens de richtlijnen uit te voeren, wat de weerbaarheid vergroot.

Programma

Algemeen

Module 1: Begrippen en inleiding BIO

● Module 2: Organisatorische maatregelen

Module 3: Fysieke en mensgerichte maatregelen

Module 4: Technologische maatregelen

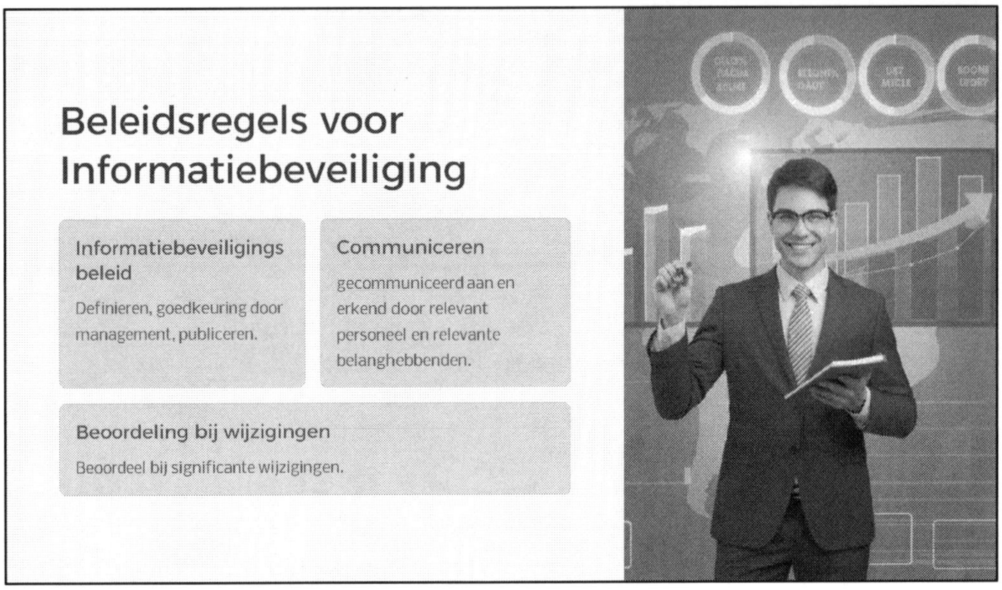

Aantekeningen:

Beheersmaatregel 5.01 - Beleidsregels voor informatiebeveiliging
Het informatiebeveiligingsbeleid en onderwerpspecifieke beleidsregels moeten worden gedefinieerd, goedgekeurd door het management, gepubliceerd, gecommuniceerd aan en erkend door relevant personeel en belanghebbenden, en regelmatig beoordeeld, vooral bij significante wijzigingen.

Verplichte overheidsspecifieke maatregelen
5.01.01 Verantwoordelijkheden voor informatiebeveiliging, beveiliging van operationele technologie, en de continuïteit van taakuitvoering (BCM) zijn vastgesteld. De verantwoordelijkheid voor ketens van informatiesystemen is toegewezen aan lijnmanagers. Het door de leiding goedgekeurde informatiebeveiligingsbeleid bevat ten minste:
• Strategische uitgangspunten en randvoorwaarden voor informatiebeveiliging, afgestemd op het algemene beveiligings- en informatievoorzieningsbeleid.
• Organisatie van de informatiebeveiligingsfunctie, inclusief verantwoordelijkheden, taken en bevoegdheden.
• Toewijzing van verantwoordelijkheden voor informatiesystemen, beveiliging van operationele technologie, privacy en BCM aan lijnmanagers.
• Betrouwbaarheidseisen en normen die op de organisatie van toepassing zijn.
• Frequentie van evaluatie van het informatiebeveiligingsbeleid.
• Bevordering van beveiligingsbewustzijn.

5.01.02 Het informatiebeveiligingsbeleid wordt minimaal jaarlijks en in lijn met de bestuurs- en Planning & Control (P&C)-cycli en externe ontwikkelingen beoordeeld en zo nodig bijgesteld.

Rollen en verantwoordelijkheden bij informatiebeveiliging

Duidelijke verantwoordelijkheden

De leiding van de organisatie is verantwoordelijk voor het vastleggen van rollen en verantwoordelijkheden voor informatiebeveiliging, inclusief OT, BCM en privacy.

Onafhankelijke advisering

Een CISO moet onafhankelijk adviseren en rapporteren aan het bestuur over het onderwerp informatiebeveiliging.

Risicobeheer

Lijnmanagers en proceseigenaren zijn verantwoordelijk voor risicobeheer van de bedrijfsmiddelen waarvoor ze verantwoordelijk zijn.

Aantekeningen:

Beheersmaatregel 5.02 Rollen en verantwoordelijkheden bij informatiebeveiliging
Een gedefinieerde, goedgekeurde en duidelijk te begrijpen structuur voor de implementatie, uitvoering en het beheer van informatiebeveiliging binnen de organisatie inrichten.

Verplichte overheidsspecifieke maatregelen
5.02.01 De leiding van de organisatie heeft vastgelegd wat de verantwoordelijkheden en rollen zijn op het gebied van informatiebeveiliging (ook voor OT, BCM en privacy) binnen haar organisatie, met specifieke aandacht voor de verantwoordelijkheden en rollen voor het adequaat afhandelen van incidenten. Lijnmanagers en proceseigenaren die verantwoordelijk zijn voor bedrijfsmiddelen zijn ook verantwoordelijk voor de behandeling van risico's die op die bedrijfsmiddelen van toepassing zijn.
5.02.02 Er is een CISO aangesteld die bevoegd is om onafhankelijk en zelfstandig te adviseren en te rapporteren aan het bestuur en of het controlerend orgaan ten aanzien van het onderwerp informatiebeveiliging.

Voorbeeld van een beheersmaatregel: Een organisatie kan ervoor kiezen om specifieke rollen aan te wijzen, zoals een Chief Information Security Officer (CISO) die verantwoordelijk is voor het opstellen en implementeren van informatiebeveiligingsbeleid. Lijnmanagers krijgen de verantwoordelijkheid om risico's op hun afdeling te beheren en beveiligingsincidenten tijdig te melden aan de CISO. Daarnaast kan er een team worden opgericht dat zich richt op incidentrespons, waarbij elk teamlid duidelijke taken heeft voor het omgaan met een beveiligingsincident, zoals communicatie en herstelmaatregelen. Deze toewijzing van rollen zorgt ervoor dat iedereen weet wat er van hen wordt verwacht en wie welke verantwoordelijkheden heeft, wat leidt tot een effectieve en gecoördineerde aanpak van informatiebeveiliging binnen de organisatie.

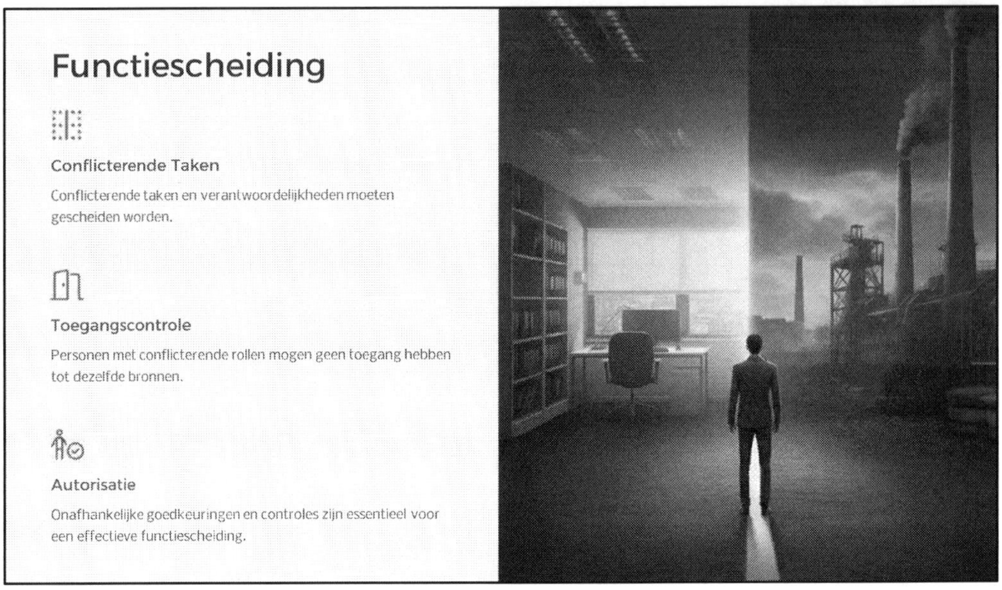

Aantekeningen:

Beheersmaatregel 5.03 Functiescheiding
Conflicterende taken en conflicterende verantwoordelijkheden behoren te worden gescheiden.

Verplichte overheidsspecifieke maatregelen
5.03.01 Als de beheersmaatregel van toepassing is dan moet gebruik gemaakt worden van de bijbehorende implementatieaanwijzing uit de ISO 27002. Afwijken of niet toepassen van bovenliggende beheersmaatregel moet worden onderbouwd met een risicoanalyse en de referentie naar deze analyse moet in een bijlage uitzonderingen opgenomen zijn in de Verklaring van Toepasselijkheid.

Voorbeeld van een beheersmaatregel: In een organisatie kan functiescheiding worden toegepast door de rollen van een medewerker die een betaling initieert te scheiden van die van een medewerker die een betaling goedkeurt.

Hierdoor wordt het risico op fraude of fouten aanzienlijk verkleind, omdat geen enkele persoon volledige controle heeft over een financieel proces.

Een ander voorbeeld is dat de verantwoordelijkheid voor het beheren van toegangsrechten tot het netwerk niet bij dezelfde persoon ligt als degene die verantwoordelijk is voor netwerkbeveiliging, om zo belangenconflicten te voorkomen en de objectiviteit te waarborgen.

Programma

- Algemeen
- Module 1: Begrippen en inleiding BIO
- ● Module 2: Organisatorische maatregelen
- Module 3: Fysieke en mensgerichte maatregelen
- Module 4: Technologische maatregelen

Management-verantwoordelijkheden

- Het management is verantwoordelijk voor de implementatie van het informatiebeveiligingsbeleid.
- Alle medewerkers moeten het beleid kennen en toepassen.
- Bestuur en werknemers ontvangen regelmatig training.
- Trainingen richten zich op cyberbeveiligingsrisico's, het herkennen en voorkomen van incidenten en het handelen bij een incident.
- Bestuurders moeten aantoonbaar voldoende kennis en vaardigheden hebben om de gevolgen van cyberbeveiligingsrisico's te beoordelen op de diensten en/of producten die de organisatie levert.

Aantekeningen:

Beheersmaatregel 5.04 Managementverantwoordelijkheden
Het management behoort van al het personeel te eisen dat ze informatiebeveiliging toepassen overeenkomstig het vastgestelde informatiebeveiligingsbeleid, de onderwerpspecifieke beleidsregels en procedures van de organisatie.

Verplichte overheidsspecifieke maatregelen
5.04.01 Bestuur en werknemers moeten regelmatig scholing volgen om cyberbeveiligingsrisico's te herkennen en te voorkomen dan wel te weten wat men moet doen als er een cyberincident is. Daarbij dienen bestuurders te kunnen aantonen dat zij voldoende kennis en vaardigheden hebben om de gevolgen van cyberbeveiligingsrisico's te beoordelen op de diensten en/of producten die de organisatie levert.
5.04.02 De gedragsregels voor het gebruik van bedrijfsmiddelen zijn voor extern personeel en vrijwilligers in het contract vastgelegd overeenkomstig de huisregels of interne gedragsregels.
5.04.03 Alle medewerkers zijn aantoonbaar gewezen op de gedragsregels voor het gebruik van bedrijfsmiddelen.

Voorbeeld van een beheersmaatregel:
Het management kan bijvoorbeeld jaarlijkse trainingen organiseren om medewerkers bewust te maken van cyberrisico's. Bestuurders nemen ook deel om inzicht te krijgen in de impact van cyberrisico's.

Daarnaast kunnen gedragsregels voor extern personeel in contracten worden vastgelegd, en medewerkers tekenen een document waarin ze bevestigen op de hoogte te zijn van de regels.

Hierdoor wordt aantoonbaar voldaan aan compliance-eisen.

Programma

- Algemeen
- Module 1: Begrippen en inleiding BIO
- ● Module 2: Organisatorische maatregelen
- Module 3: Fysieke en mensgerichte maatregelen
- Module 4: Technologische maatregelen

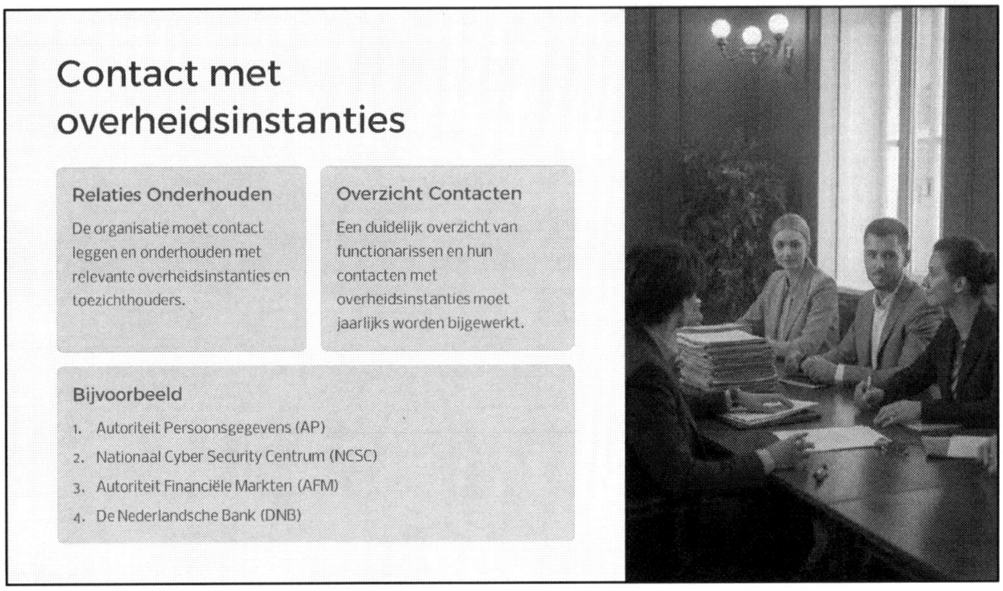

Aantekeningen:

Beheersmaatregel 5.05 Contact met overheidsinstanties
De organisatie behoort contact met de relevante instanties te leggen en te onderhouden.

Verplichte overheidsspecifieke maatregelen

5.05.01 De organisatie heeft uitgewerkt welke functionarissen met welke (overheids)instanties en toezichthouders formele contacten hebben ten aanzien van informatiebeveiliging. Dit overzicht wordt ten minste jaarlijks geactualiseerd.

Enkele voorbeelden van relevante overheidsorganisaties waarmee organisaties mogelijk contact hebben voor informatiebeveiliging zijn:

•Autoriteit Persoonsgegevens (AP): toezicht op privacy en AVG-compliance.
•Nationaal Cyber Security Centrum (NCSC): informatie over cyberdreigingen en incidenten.
•Autoriteit Financiële Markten (AFM): toezicht op financiële markten.
•De Nederlandsche Bank (DNB): toezicht op de stabiliteit van het financiële systeem.
•Ministerie van Binnenlandse Zaken en Koninkrijksrelaties (BZK): beleid en richtlijnen voor overheidsorganisaties en -opdrachten.
•Rijksdienst voor Identiteitsgegevens (RvIG): verantwoordelijk voor identiteitsgegevens en digitale toegang.
•Inspectie Gezondheidszorg en Jeugd (IGJ): toezicht op gezondheidsgegevens in de zorgsector.

Afhankelijk van sector, gegevens en wetgeving is contact met deze instanties van belang voor naleving en informatiebeveiliging.

Contact met speciale belangengroepen

1 Actieve betrokkenheid
De organisatie dient proactief contact te leggen met relevante belangengroepen.

2 Kennisdeling
Deelnemen aan forums en bijeenkomsten bevordert kennisdeling en samenwerking.

3 Voorbeelden

1. Cyber Security Raad (CSR)
2. Platform voor Informatiebeveiliging (PvIB)
3. ISACA Netherlands Chapter
4. VERBIND Nederland
5. Nederlandse Vereniging voor Bedrijfsbeveiliging (NVB)
6. Het Nationaal Cyber Security Center (NCSC) community
7. Forum Standaardisatie

Aantekeningen:

Beheersmaatregel 5.06 Contact met speciale belangengroepen
De organisatie behoort contacten met speciale belangengroepen of andere gespecialiseerde beveiligingsfora en beroepsverenigingen te leggen en te onderhouden.

Verplichte overheidsspecifieke maatregelen
5.06.01 Als de beheersmaatregel van toepassing is dan moet gebruik gemaakt worden van de bijbehorende implementatieaanwijzing uit de ISO 27002. Afwijken of niet toepassen van bovenliggende beheersmaatregel moet worden onderbouwd met een risicoanalyse en de referentie naar deze analyse moet in een bijlage uitzonderingen opgenomen zijn in de Verklaring van Toepasselijkheid.

Enkele voorbeelden van speciale belangengroepen en gespecialiseerde beveiligingsfora zijn:

Cyber Security Raad (CSR)

Platform voor Informatiebeveiliging (PvIB)

ISACA Netherlands Chapter

VERBIND Nederland

Nederlandse Vereniging voor Bedrijfsbeveiliging (NVB)

Het Nationaal Cyber Security Center (NCSC) community

Forum Standaardisatie

Deze groepen en fora helpen organisaties om op de hoogte te blijven van ontwikkelingen en standaarden op het gebied van informatiebeveiliging.

Programma

Aantekeningen:

Beheersmaatregel 5.07 Informatie met betrekking tot informatiebeveiligingsdreigingen behoort te worden verzameld en geanalyseerd om informatie en analyses over dreigingen te produceren.

Verplichte overheidsspecifieke maatregelen
5.07.01 Als de beheersmaatregel van toepassing is dan moet gebruik gemaakt worden van de bijbehorende implementatieaanwijzing uit de ISO 27002. Afwijken of niet toepassen van bovenliggende beheersmaatregel moet worden onderbouwd met een risicoanalyse en de referentie naar deze analyse moet in een bijlage uitzonderingen opgenomen zijn in de Verklaring van Toepasselijkheid.

Voorbeelden van hoe een organisatie informatie en analyses over informatiebeveiligingsdreigingen kan realiseren, zijn:
Gebruik van Threat Intelligence Feeds
Met feeds van het NCSC of commerciële aanbieders kan actuele informatie over cyberdreigingen worden verkregen.
SIEM Implementatie
Een SIEM-systeem centraliseert loggegevens en detecteert snel dreigingen.
Regelmatige Vulnerability Scans
Periodieke scans en pentests identificeren kwetsbaarheden.
Samenwerking met CTI-groepen
Lidmaatschap van CTI-groepen of ISACs bevordert dreigingsinformatie-uitwisseling.
Inschakelen van MSSPs
MSSPs verzorgen monitoring en analyse voor beveiligingsinzicht.
Trendanalyses op Incidentgegevens
Incidentdata onthullen dreigingspatronen voor proactieve maatregelen.
Gebruik van Dreigingsrapporten
Rapporten van instanties zoals FBI en NCSC bieden inzicht in trends.
Deze methoden vergroten het dreigingsinzicht en versterken de beveiliging.

Programma

- Algemeen
- Module 1: Begrippen en inleiding BIO
- ● Module 2: Organisatorische maatregelen
- Module 3: Fysieke en mensgerichte maatregelen
- Module 4: Technologische maatregelen

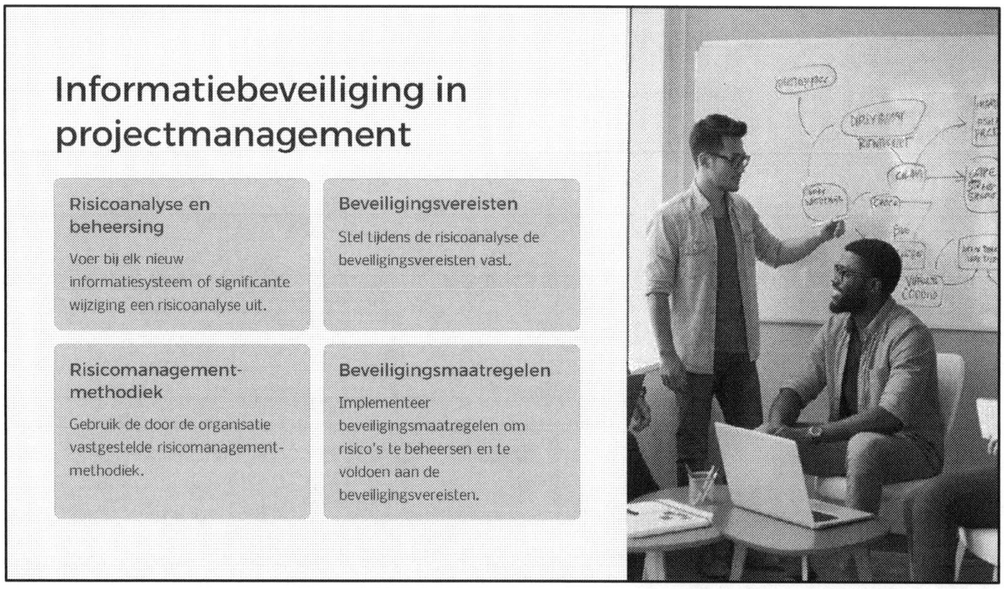

Aantekeningen:

Beheersmaatregel 5.08 Informatiebeveiliging in projectmanagement
Informatiebeveiliging behoort te worden geïntegreerd in projectmanagement.

Verplichte overheidsspecifieke maatregelen
5.08.01 Bij nieuwe informatiesystemen en bij significante wijzigingen op bestaande informatiesystemen moet een expliciete risicoafweging op basis van de door de organisatie vastgestelde risicomanagementmethodiek worden uitgevoerd om risico's te identificeren en in voldoende mate te beheersen en ook voor het vaststellen van de beveiligingseisen.

Voorbeeld van een beheersmaatregel:
Bij het ontwikkelen van een nieuw CRM-systeem moet informatiebeveiliging worden meegenomen vanaf de ontwerpfase. Dit houdt in dat er een risicoanalyse wordt uitgevoerd om mogelijke kwetsbaarheden te identificeren, zoals ongeautoriseerde toegang of datalekken.

De projectmanager integreert beveiligingseisen in het projectplan, waarbij eisen zoals encryptie van klantgegevens en het beperken van toegang tot gevoelige informatie direct worden meegenomen.

Tijdens de ontwikkelfase worden beveiligingsmaatregelen getest, zodat er geen beveiligingslekken zijn voordat het systeem in gebruik wordt genomen. Ook worden periodieke evaluaties ingevoerd om beveiliging continu te waarborgen, bijvoorbeeld door penetratietesten.

Hierdoor wordt ervoor gezorgd dat beveiliging een integraal en doorlopend onderdeel is van het project, wat helpt om risico's al vroeg te beheersen en een solide beveiligingsniveau te waarborgen bij oplevering.

Inventarisatie van bedrijfsmiddelen

Inventarisatie van bedrijfsmiddelen

Een complete inventaris van alle hardware, software, netwerken en andere activa is essentieel voor effectief informatiebeheer.

Beheer en onderhoud

De inventaris bevat informatie over serienummers, versies, licenties en leveranciers om updates, onderhoud en probleemoplossing te vergemakkelijken.

Inventaris op afstand

De inventaris bevat ook apparaten die op afstand toegankelijk zijn, zoals laptops, servers en cloud-omgevingen. De inventaris wordt periodiek gecontroleerd.

Aantekeningen:

Beheersmaatregel 5.09 Inventarisatie van informatie en andere gerelateerde bedrijfsmiddelen

Er behoort een inventarislijst van informatie en andere gerelateerde bedrijfsmiddelen, met inbegrip van de eigenaren, te worden opgesteld en onderhouden.

Verplichte overheidsspecifieke maatregelen

5.09.01 Er is een inventaris van bedrijfsmiddelen die van belang zijn voor informatieverwerking met inbegrip van operationele technologie. De inventaris omvat alle eigenschappen die nodig zijn voor het beheer en onderhoud. In de inventaris zijn ook opgenomen: bedrijfsmiddelen op afstand, cloud-omgevingen en bedrijfsmiddelen die regelmatig zijn verbonden met de netwerkinfrastructuur maar niet onder controle van de organisatie staan. De volledigheid en actualiteit van de inventaris wordt periodiek gecontroleerd met tussenpozen die passend zijn voor de frequentie waarmee wijzigingen optreden.

Voorbeeld van een beheersmaatregel: Een organisatie kan een centrale inventarislijst bijhouden waarin alle bedrijfsmiddelen, zoals laptops, servers, netwerkswitches en cloud-abonnementen, worden opgenomen. Deze lijst bevat belangrijke eigenschappen zoals het serienummer, eigenaar, locatie, en de datum van aanschaf.

Bedrijfsmiddelen zoals externe laptops die regelmatig verbinding maken met het netwerk, worden ook in deze lijst opgenomen. De inventaris wordt periodiek herzien om ervoor te zorgen dat alle gegevens up-to-date zijn, bijvoorbeeld eens per kwartaal of na elke grote wijziging.

Dit helpt om de controle over alle bedrijfsmiddelen te behouden, de beveiliging te versterken en risico's te beperken die ontstaan door ongecontroleerde apparaten.

Programma

- Algemeen
- Module 1: Begrippen en inleiding BIO
- ● Module 2: Organisatorische maatregelen
- Module 3: Fysieke en mensgerichte maatregelen
- Module 4: Technologische maatregelen

Aanvaardbaar Gebruik van Bedrijfsmiddelen

Beheersmaatregelen

Stel regels en procedures vast voor het gebruik van informatie en andere gerelateerde bedrijfsmiddelen. Deze dienen te worden gedocumenteerd en geïmplementeerd.

Overheidsvereisten

Volg de implementatieaanwijzingen in ISO 27002. Leg afwijkingen vast in een risicoanalyse en verwijs hiernaar in de Verklaring van Toepasselijkheid.

Aantekeningen:

Beheersmaatregel 5.10 Aanvaardbaar gebruik van informatie en andere gerelateerde bedrijfsmiddelen

Regels voor het aanvaardbaar gebruik van en procedures voor het omgaan met informatie en andere gerelateerde bedrijfsmiddelen behoren te worden geïdentificeerd, gedocumenteerd en geïmplementeerd.

Verplichte overheidsspecifieke maatregelen

5.10.01 Als de beheersmaatregel van toepassing is dan moet gebruik gemaakt worden van de bijbehorende implementatieaanwijzing uit de ISO 27002. Afwijken of niet toepassen van bovenliggende beheersmaatregel moet worden onderbouwd met een risicoanalyse en de referentie naar deze analyse moet in een bijlage uitzonderingen opgenomen zijn in de Verklaring van Toepasselijkheid.

Voorbeelden van onderwerpen voor een Acceptable Use Policy (AUP) zijn:

- Toegangsrechten en -beperkingen
- Gebruiksregels voor bedrijfsmiddelen (laptops, mobiele apparaten, netwerk)
- Gebruik van internet en e-mail
- Privacy en vertrouwelijkheid
- BYOD (Bring Your Own Device)
- Verantwoordelijkheid voor vertrouwelijke gegevens
- Acceptabel gedrag en communicatie
- Monitoring van gebruik
- Sociale media en externe communicatie
- Veilig gebruik van externe netwerken en wifi
- Antivirus- en anti-malwarebeleid
- Omgang met beveiligingsincidenten

Deze onderwerpen bieden een basis voor duidelijke richtlijnen en verwachtingen voor het gebruik van bedrijfsmiddelen en informatie.

Aantekeningen:

Beheersmaatregel 5.11 Retourneren van bedrijfsmiddelen
Personeel en andere belanghebbenden, alnaargelang de situatie, behoren alle bedrijfsmiddelen van de organisatie die ze in hun bezit hebben bij beëindiging van hun dienstverband, contract of overeenkomst te retourneren.

Verplichte overheidsspecifieke maatregelen
5.11.01 Als de beheersmaatregel van toepassing is dan moet gebruik gemaakt worden van de bijbehorende implementatieaanwijzing uit de ISO 27002. Afwijken of niet toepassen van bovenliggende beheersmaatregel moet worden onderbouwd met een risicoanalyse en de referentie naar deze analyse moet in een bijlage uitzonderingen opgenomen zijn in de Verklaring van Toepasselijkheid.

Voorbeelden van bedrijfsmiddelen die personeel en andere belanghebbenden bij het einde van hun dienstverband of contract moeten retourneren, zijn:

- Laptops en computers
- Mobiele telefoons en tablets
- Toegangskaarten en badges
- Sleutels (voor kantoorruimtes, kasten, voertuigen)
- Externe harde schijven en USB-sticks
- Veiligheidstokens en authenticatietokens
- Bedrijfskleding en beschermende uitrusting
- Documenten en dossiers (fysiek en digitaal)
- Creditcards en betaalpassen van het bedrijf
- Softwarelicenties en digitale toegangsrechten

Deze maatregelen helpen ervoor te zorgen dat vertrouwelijke bedrijfsinformatie en middelen niet langer toegankelijk zijn voor voormalige werknemers of contractanten.

Programma

Algemeen

Module 1: Begrippen en inleiding BIO

● Module 2: Organisatorische maatregelen

Module 3: Fysieke en mensgerichte maatregelen

Module 4: Technologische maatregelen

Classificeren van informatie

Informatiebeveiligingsbehoeften
Informatie wordt geclassificeerd op basis van de eisen voor vertrouwelijkheid, integriteit en beschikbaarheid.

Impactclassificatiemethodiek
Alle informatiesystemen dienen een expliciete risicoafweging te ondergaan, met gebruik van een vastgestelde impactclassificatiemethodiek.

Risicomanagementmethodiek
De impactclassificatiemethodiek maakt onderdeel uit van de vastgestelde risicomanagementmethodiek.

Aantekeningen:

Beheersmaatregel 5.12 Classificeren van informatie
Bewerkstelligen dat het identificeren van en het inzicht in de beschermingsbehoeften voor informatie in overeenstemming zijn met het belang ervan voor de organisatie.

Verplichte overheidsspecifieke maatregelen
5.12.01 Informatie in alle informatiesystemen is door middel van een expliciete risicoafweging geclassificeerd, hierbij wordt gebruik gemaakt van een vastgestelde impactclassificatiemethodiek die onderdeel is van de vastgestelde risicomanagementmethodiek.

Voorbeeld van een beheersmaatregel: Een organisatie die werkt met zowel burgergegevens als interne rapporten, kan een classificatieschema opstellen om de informatie te categoriseren op basis van gevoeligheid.

Burgergegevens worden bijvoorbeeld als 'vertrouwelijk' geclassificeerd, terwijl interne rapporten als 'intern gebruik' worden geclassificeerd.

Deze classificatie bepaalt welke beveiligingsmaatregelen nodig zijn, zoals encryptie en toegangscontrole. Voor vertrouwelijke informatie wordt versleuteling toegepast en de toegang beperkt tot geautoriseerd personeel.

Dit helpt om ervoor te zorgen dat gevoelige informatie adequaat wordt beschermd en dat iedereen binnen de organisatie weet welke maatregelen voor welke informatie gelden.

Door deze aanpak worden risico's beheerst en wordt voldaan aan de beveiligingseisen van de organisatie.

Aantekeningen:

Beheersmaatregel 5.13 Labelen van informatie Om informatie te labelen, behoort een passende reeks procedures te worden ontwikkeld en geïmplementeerd in overeenstemming met het informatieclassificatieschema dat is vastgesteld door de organisatie.

Verplichte overheidsspecifieke maatregelen

5.13.01 Als de beheersmaatregel van toepassing is dan moet gebruik gemaakt worden van de bijbehorende implementatieaanwijzing uit de ISO 27002. Afwijken of niet toepassen van bovenliggende beheersmaatregel moet worden onderbouwd met een risicoanalyse en de referentie naar deze analyse moet in een bijlage uitzonderingen opgenomen zijn in de Verklaring van Toepasselijkheid.

Voorbeeld van een beheersmaatregel: Stel dat een organisatie gevoelige klantgegevens beheert. Deze informatie wordt gecategoriseerd als 'vertrouwelijk' volgens het informatieclassificatie-schema.

Vervolgens moeten er procedures worden opgesteld om deze informatie juist te labelen. Bijvoorbeeld, alle vertrouwelijke documenten krijgen een label dat duidelijk aangeeft dat de informatie alleen toegankelijk is voor geautoriseerde medewerkers. Dit kan worden gedaan door een fysieke stempel of een digitale tag toe te voegen.

Een ander voorbeeld is het gebruik van kleurcodes voor verschillende vertrouwelijkheidsniveaus, waarbij documenten die als 'zeer vertrouwelijk' zijn bestempeld, voorzien worden van een rode markering, zowel fysiek als digitaal.

Hierdoor kunnen medewerkers in één oogopslag zien welke informatie een hogere mate van bescherming vereist en worden passende beveiligingsmaatregelen toegepast tijdens de opslag en verwerking van deze gegevens.

Overdragen van informatie

Beveiligde Communicatie

Regel procedures voor informatieoverdracht via alle communicatiekanalen, zowel intern als extern.

Website- en e-mailbeveiliging

Voldoe aan de standaarden van het Forum Standaardisatie voor websites en e-mails.

Certificaten

Gebruik publiek vertrouwde certificaten voor openbare websites, tenzij een risicoanalyse een hogere eis vereist.

Elektronische handtekeningen

Geavanceerde elektronische handtekeningen moeten voldoen aan de AdES Baseline Profiles.

Aantekeningen:

Beheersmaatregel 5.14 Overdragen van informatie
Er behoren regels, procedures of overeenkomsten voor informatieoverdracht te zijn ingesteld voor alle soorten van communicatiefaciliteiten binnen de organisatie en tussen de organisatie en andere partijen.

Verplichte overheidsspecifieke maatregelen

5.14.01 Websites en e-mail berichtenverkeer moeten blijvend voldoen aan de verplichte standaarden, die te vinden zijn op de website van het Forum Standaardisatie. Hierop wordt gestuurd met de metingen van internet.nl. Daarbij dienen alle onderdelen te worden ingesteld zodat een optimale beveiliging wordt bereikt zonder afbreuk te doen aan de functionaliteit van de geboden dienst.

5.14.02 Bij publiek toegankelijke websites wordt gebruik gemaakt van ten minste publiek vertrouwde Organization Validated-certificaten, tenzij uit een risicoanalyse blijkt dat een hogere eis nodig is of met een lagere eis kan worden volstaan.

5.14.03 Geavanceerde en/of gekwalificeerde elektronische handtekeningen moeten voldoen aan de Advanced Electronic Signatures (AdES Baseline Profiles), zoals opgenomen in de Lijst open standaarden van Forum Standaardisatie.

5.14.04 Van alle internetfacingsystemen, webapplicaties, IP-adressen en API's is een actuele registratie.

5.14.05 Publiek toegankelijke websites worden bekend gemaakt via Register Internetdomeinen Overheid. Deze informatie wordt ten minste iedere 6 maanden geactualiseerd.

Aantekeningen:

Beheersmaatregel 5.15 Toegangsbeveiliging
Er behoren regels op basis van bedrijfs- en informatiebeveiligingseisen te worden vastgesteld en geïmplementeerd om de fysieke en logische toegang tot informatie en andere gerelateerde bedrijfsmiddelen te beheersen.

Verplichte overheidsspecifieke maatregelen
5.15.01 Toegang tot een vertrouwde zone is toegestaan in twee situaties: (1) vanaf geauthentiseerde apparatuur of (2) vanuit programmatuur die draait binnen een veilige schil.

Voorbeeld van een beheersmaatregel: Een organisatie kan toegangsbeveiliging implementeren door medewerkers alleen toegang te geven tot vertrouwelijke informatie via geauthentiseerde laptops en werkstations. Deze apparatuur moet voldoen aan specifieke beveiligingsvoorwaarden, zoals up-to-date antivirussoftware en sterke wachtwoorden.

Daarnaast kunnen medewerkers enkel toegang krijgen via een VPN-verbinding om een veilige schil te waarborgen. Ook worden toegangspassen gebruikt voor fysieke toegang tot gevoelige zones, zoals serverruimtes.

Dit helpt ervoor te zorgen dat alleen geautoriseerde personen toegang hebben tot zowel fysieke als digitale bedrijfsmiddelen, en dat toegangspogingen worden geregistreerd en gemonitord voor een beter overzicht van wie wanneer toegang heeft gehad.

Programma

- Algemeen
- Module 1: Begrippen en inleiding BIO
- ● Module 2: Organisatorische maatregelen
- Module 3: Fysieke en mensgerichte maatregelen
- Module 4: Technologische maatregelen

Identiteitsbeheer

Volledige Levenscyclus

Het identiteitsbeheer omvat alle fasen van een gebruikersidentiteit, van aanmaak tot verwijdering.

Registratie en Afmelding

Een duidelijk en formeel proces voor het aanmaken en verwijderen van gebruikersaccounts is essentieel.

Groepsaccounts

Gebruik van groepsaccounts is alleen toegestaan met een gedegen motivatie en goedkeuring van de proceseigenaar en CISO.

Aantekeningen:

Beheersmaatregel 5.16 Identiteitsbeheer
De volledige levenscyclus van identiteiten behoort te worden beheerd.

Verplichte overheidsspecifieke maatregelen

5.16.01 Er is een sluitende formele registratie- en afmeldprocedure voor het beheren van gebruikersidentificaties.

5.16.02 Het gebruiken van groepsaccounts is niet toegestaan, tenzij dit wordt gemotiveerd en vastgelegd door de proceseigenaar en afgestemd met de CISO.

Voorbeeld van een beheersmaatregel: Een organisatie kan identiteitsbeheer implementeren door het gebruik van een Identity and Access Management (IAM) systeem. Hierbij wordt voor elke medewerker een individuele gebruikersidentificatie gecreëerd bij indiensttreding.

Deze identificatie wordt geregistreerd in het IAM-systeem en toegewezen aan specifieke rollen, die bepalen welke systemen en informatie toegankelijk zijn. Bij vertrek van een medewerker zorgt een formele afmeldprocedure ervoor dat de toegangsrechten direct worden ingetrokken om te voorkomen dat onbevoegden toegang houden.

Het gebruik van groepsaccounts wordt zoveel mogelijk vermeden, tenzij er een duidelijke behoefte is, zoals in situaties waarbij een machine-to-machine verbinding noodzakelijk is. In dat geval wordt toestemming verkregen van de CISO, en het gebruik van deze accounts wordt strikt gemonitord en vastgelegd.

Zo wordt verzekerd dat toegang tot informatie correct wordt beheerd gedurende de hele levenscyclus van de gebruiker en ongewenste toegang wordt voorkomen.

Programma

Algemeen

Module 1: Begrippen en inleiding BIO

● Module 2: Organisatorische maatregelen

Module 3: Fysieke en mensgerichte maatregelen

Module 4: Technologische maatregelen

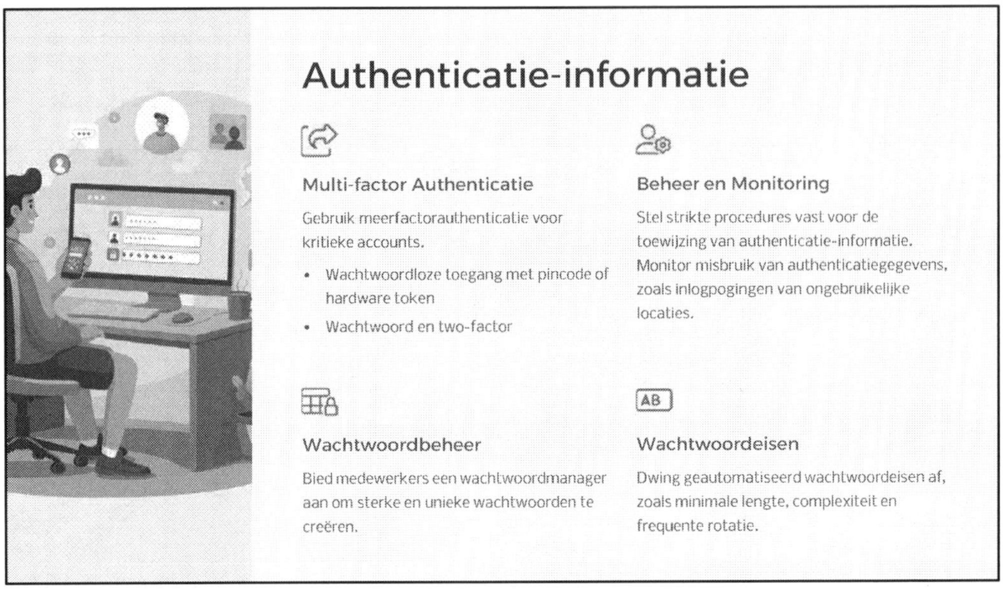

Aantekeningen:

Beheersmaatregel 5.17: Authenticatie-informatie
De toewijzing en het beheer van authenticatie-informatie behoort te worden beheerst door middel van een beheerproces waarvan het adviseren van het personeel over de juiste manier van omgaan met authenticatie-informatie deel uitmaakt.
Verplichte maatregelen:
Pas multi-factor authenticatie (MFA) toe ten minste voor het primaire aanloggen op de digitale werkomgeving, bij accounts voor via het internet bereikbare voorzieningen en accounts die beheerrechten hebben en in andere situaties waarvoor uit de risicoanalyse blijkt dat dit een passende oplossing is.
1. Pas MFA toe in deze twee vormen:
i. Wachtwoordloze toegang, zoals een pincode in combinatie met een hardware token of persoonlijk uniek certificaat (passkey).
ii. Wachtwoord toegang in combinatie met minimaal een tweede factor.
2. Indien MFA niet mogelijk is voor deze accounts, neem dan andere mitigerende maatregelen. Betrek de CISO hierbij en laat dit goedkeuren door de proceseigenaar.
3. Combineer waar mogelijk en veilig, MFA met federatieve authenticatievoorzieningen zoals Single Sign On en een Stepping Stone oplossing.
Beheer en monitoring van authenticatiegegevens:
1. Geef authenticatie-informatie uit volgens formele en vastgestelde procedures en pas nadat de identiteit van de gebruiker met voldoende zekerheid is vastgesteld.
2. Definieer Use Cases voor misbruik van authenticatiegegevens, monitor deze en neem passende actie bij het optreden ervan. Deze Use Cases omvatten in ieder geval inlogpogingen van ongebruikelijke plekken en pieken in mislukte inlogpogingen.
5.17.02 De organisatie biedt aan alle medewerkers een wachtwoordmanager of vergelijkbare oplossing aan.
5.17.03 De eisen aan wachtwoorden moeten geautomatiseerd worden afgedwongen.

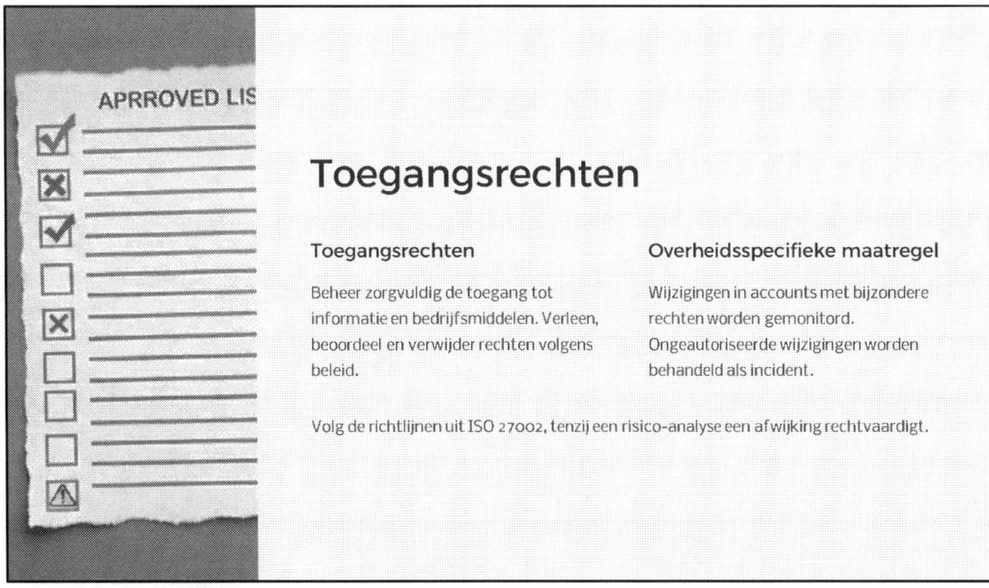

Aantekeningen:

Beheersmaatregel 5.18 Toegangsrechten
Toegangsrechten voor informatie en andere gerelateerde bedrijfsmiddelen behoren te worden verstrekt, beoordeeld, aangepast en verwijderd overeenkomstig het onderwerpspecifieke beleid en de regels inzake toegangsbeveiliging van de organisatie.

Verplichte overheidsspecifieke maatregelen
5.18.01 Als de beheersmaatregel van toepassing is dan moet gebruik gemaakt worden van de bijbehorende implementatieaanwijzing uit de ISO 27002. Afwijken of niet toepassen moet onderbouwd worden met een risicoanalyse en deze referentie moet worden opgenomen in de Verklaring van Toepasselijkheid.

5.18.02 Het maken en aanpassen van accounts met bijzondere rechten wordt gemonitord. Ongeautoriseerde wijzigingen worden als informatiebeveiligingsincident geregistreerd en afgehandeld.

5.18.03 Alle uitgegeven toegangsrechten worden minimaal eenmaal per jaar beoordeeld; de frequentie kan worden aangepast op basis van een risicoafweging.

Voorbeeld van een beheersmaatregel:
Een organisatie kan toegangsrechten beheren door rollen toe te wijzen op basis van functieprofielen. Nieuwe medewerkers krijgen toegang na goedkeuring van hun leidinggevende en de CISO.

Alle accounts met administratieve rechten worden maandelijks gemonitord om eventuele ongeoorloofde aanpassingen snel te identificeren.

Jaarlijks wordt een audit uitgevoerd om alle toegangsrechten te herzien en te zorgen dat alleen bevoegde medewerkers toegang hebben tot specifieke informatie.

Programma

- Algemeen
- Module 1: Begrippen en inleiding BIO
- ● Module 2: Organisatorische maatregelen
- Module 3: Fysieke en mensgerichte maatregelen
- Module 4: Technologische maatregelen

Informatiebeveiliging in leveranciersrelaties

Samenwerking

Leveranciers zijn essentiële partners in het beheren van informatiebeveiligingsrisico's.

Overeenkomsten

Duidelijke contractuele afspraken over informatiebeveiliging zijn noodzakelijk.

Risicobeheersing

De focus moet liggen op het beheersen van risico's die voortvloeien uit leveranciersrelaties.

Aantekeningen:

Beheersmaatregel 5.19 Informatiebeveiliging in leveranciersrelaties
Er behoren processen en procedures te worden vastgesteld en geïmplementeerd om de informatiebeveiligingsrisico's in verband met het gebruik van producten of diensten van de leverancier te beheersen.

Verplichte overheidsspecifieke maatregelen
5.19.01 Bij offerteaanvragen waar informatie(voorziening) een rol speelt, zijn eisen ten aanzien van informatiebeveiliging (beschikbaarheid, integriteit en vertrouwelijkheid) onderdeel van het hele pakket aan inkoopeisen. De eisen voor informatiebeveiliging zijn gebaseerd op een expliciete risicoafweging. Bij inkoopsegmenten die op cyberproducten of -diensten betrekking hebben, wordt als uitgangspunt voor de risicoanalyse de maatregelset Inkoopeisen Cybersecurity Overheid gehanteerd.

Voorbeeld van een beheersmaatregel:
Bij het inhuren van een externe IT-dienstverlener worden specifieke eisen gesteld aan informatiebeveiliging, zoals encryptie en toegang tot data.

Deze eisen worden opgenomen in de contracten, en leveranciers moeten aantonen dat ze voldoen aan de maatregelset Inkoopeisen Cybersecurity Overheid (ICO).

Regelmatige evaluaties worden uitgevoerd om te controleren of de leverancier de vereiste beveiligingsmaatregelen handhaaft.

Dit helpt de organisatie om de risico's van samenwerking met externe partijen te beheersen en ervoor te zorgen dat de vertrouwelijkheid, integriteit en beschikbaarheid van informatie gewaarborgd blijft.

Programma

- Algemeen
- Module 1: Begrippen en inleiding BIO
- ● Module 2: Organisatorische maatregelen
- Module 3: Fysieke en mensgerichte maatregelen
- Module 4: Technologische maatregelen

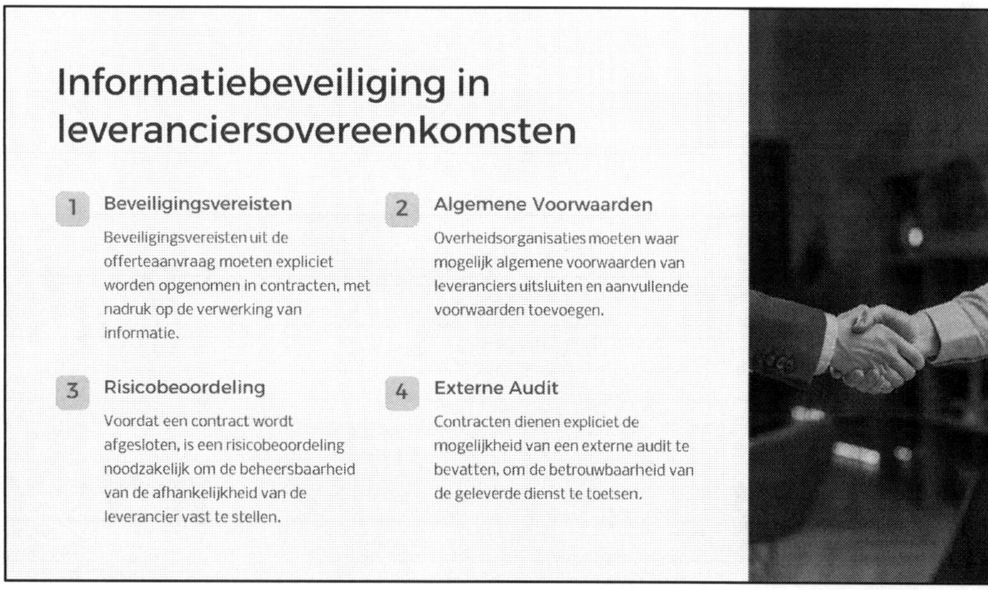

Aantekeningen:

Beheersmaatregel 5.20: Informatiebeveiliging in leveranciersovereenkomsten
Informatiebeveiligingseisen moeten worden vastgelegd en afgestemd met elke leverancier, afhankelijk van de relatie.

Verplichte maatregelen:
5.20.01 Beveiligingseisen uit de offerteaanvraag moeten in contracten staan wanneer informatieverwerking plaatsvindt.
5.20.02 Sluit waar mogelijk algemene voorwaarden van leveranciers uit. Als dit niet kan, beoordeel de risico's en bepaal welke voorwaarden niet acceptabel zijn.
5.20.03 Contracten moeten externe audits mogelijk maken om de dienst te toetsen, tenzij een ISO 27001, ISAE 3402 of richtlijn 3000 certificering aanwezig is die de betrouwbaarheid aantoont, mits passend qua scope en risico's.
5.20.04 Voordat een contract wordt afgesloten, moet een risicoafweging de beheersbaarheid van afhankelijkheid van de leverancier vaststellen, inclusief een uitgewerkte exit-strategie.
5.20.05 Leverancier moet periodiek aantonen dat aan eisen wordt voldaan, waarbij de opdrachtgever dit risicogericht beoordeelt.
5.20.06 De overheidsorganisatie voert aanvullend onderzoek uit om de rapportages van de leverancier te valideren, inclusief externe auditmogelijkheden.
5.20.07 De leverancier moet transparant zijn over nieuwe risico's, kwetsbaarheden en informatiebeveiligingsincidenten, zoals datalekken.
5.20.08 Een expliciete exit-strategie en beheersing van afhankelijkheid moeten voorafgaand aan contractsluiting worden vastgelegd in een risicoafweging.

Programma

- Algemeen
- Module 1: Begrippen en inleiding BIO
- ● Module 2: Organisatorische maatregelen
- Module 3: Fysieke en mensgerichte maatregelen
- Module 4: Technologische maatregelen

Beheren van Informatiebeveiliging in de ICT-Toeleveringsketen

Beheersmaatregel 5.21 uit het NEN 7510-2 kader focust op het beheersen van informatiebeveiligingsrisico's in de ICT-toeleveringsketen.

De maatregel stelt vereisten voor het beheren van risico's in verband met de toelevering van ICT-producten en -diensten.

Aantekeningen:

Beheersmaatregel 5.21 Beheren van informatiebeveiliging in de ICT-toeleveringsketen
Er behoren processen en procedures te worden bepaald en geïmplementeerd om de informatiebeveiligingsrisico's in verband met de toeleveringsketen van ICT-producten en -diensten te beheersen.

Verplichte overheidsspecifieke maatregelen

5.21.01 In het contract is opgenomen dat de leverancier verantwoordelijk is voor het borgen van de gestelde eisen bij de toeleveranciers.

5.21.02 Voorafgaand aan het afsluiten van de overeenkomst geeft de leverancier inzicht in de keten van toeleveranciers en eventuele risico's daarin. De overheidsorganisatie beoordeelt of de risico's acceptabel zijn.

5.21.03 De overheidsorganisatie borgt dat de beveiligingseisen aan de leverancier onverminderd van toepassing zijn op de keten van toeleveranciers, tenzij die eisen niet relevant zijn gezien de aard van de dienstverlening door de toeleverancier. Indien beveiligingseisen zijn uitgesloten, maakt de leverancier dat inzichtelijk inclusief een onderbouwing.

5.21.04 Gedurende de looptijd geeft de leverancier veranderingen in de keten van toeleveranciers door, inclusief risico's daarin. Dit omvat in ieder geval kwetsbaarheden en informatiebeveiligingsincidenten die de dienstverlening aan de overheidsorganisatie kunnen raken.

Monitoren en beheren van leveranciersdiensten

1 Regelmatige beoordelingen

De organisatie dient de informatiebeveiligingspraktijken van leveranciers te controleren. De beoordeling moet inzicht geven in de naleving van de vereisten.

2 Bewijsmateriaal

De proceseigenaar is verantwoordelijk voor het beoordelen van de naleving van de informatiebeveiligings-eisen. De leverancier dient bewijsmateriaal te leveren om de naleving te documenteren.

3 Risicobeheer

De beoordeling moet eventuele beveiligingsrisico's identificeren. De organisatie dient mitigerende maatregelen te nemen en eventuele resterende risico's te accepteren.

4 Registratie

Een actuele registratie van leveranciers en overeenkomsten is noodzakelijk. Dit geeft inzicht in de contractuele verplichtingen en de verantwoordelijkheden.

Aantekeningen:

Beheersmaatregel 5.22 Monitoren, beoordelen en het beheren van wijzigingen van leveranciersdiensten
De organisatie behoort de informatiebeveiligingspraktijken en de dienstverlening van leveranciers regelmatig te monitoren, beoordelen, evalueren en veranderingen daaraan te beheren.

Verplichte overheidsspecifieke maatregelen

5.22.01 Op basis van het door de leverancier aangeleverde bewijsmateriaal, zie 5.20.03, is de proceseigenaar verantwoordelijk voor het jaarlijks beoordelen of de leverancier voldoet aan de gestelde informatiebeveiligingseisen, het vaststellen van eventuele beveiligingsrisico's, het nemen van mitigerende maatregelen en het accepteren van rest-risico's.

5.22.02 Er is een actuele registratie van leveranciers en afgesloten contracten.

Voorbeeld van een beheersmaatregel:

De organisatie houdt een actuele lijst bij van alle leveranciers en hun contracten. Jaarlijks wordt beoordeeld of de leveranciers voldoen aan de gestelde informatiebeveiligingseisen. Dit gebeurt door het analyseren van aangeleverd bewijsmateriaal, zoals certificeringen of auditrapporten.

De proceseigenaar is verantwoordelijk voor deze beoordeling en bepaalt of eventuele risico's gemitigeerd moeten worden of dat rest-risico's geaccepteerd kunnen worden.

Door deze aanpak blijft de kwaliteit van de leveranciersdiensten op het gebied van informatiebeveiliging gewaarborgd, wat bijdraagt aan de algehele veiligheid van de organisatie.

Aantekeningen:

Beheersmaatregel 5.23 Informatiebeveiliging voor het gebruik van clouddiensten
Processen voor het aanschaffen, gebruiken, beheren en beëindigen van clouddiensten behoren overeenkomstig de informatiebeveiligingseisen van de organisatie te worden opgesteld.

Verplichte overheidsspecifieke maatregelen

5.23.01 Stel beleid op dat toeziet op het inventariseren, classificeren, selecteren, beoordelen en managen van cloudserviceproviders (CSP) en het beëindigen van dienstverlening door CSP's. Implementeer het beleid en herzie dit beleid minimaal eens per drie jaar. Neem in de contracten op welke situaties aanleiding kunnen zijn tot ontbinding van het contract. Wanneer zich belangrijke wijzigingen bij de leverancier voordoen, beoordeel de risico's daarvan en neem passende maatregelen.

Voorbeeld van een beheersmaatregel:
Een organisatie kan een cloudbeleid opstellen dat specifiek richtlijnen biedt voor het kiezen en beoordelen van cloudleveranciers. Voordat een leverancier wordt geselecteerd, wordt deze beoordeeld op basis van zijn beveiligingsmaatregelen.

Het contract vermeldt duidelijke voorwaarden waaronder de samenwerking kan worden beëindigd, zoals een significante wijziging in de diensten van de leverancier.

Dit beleid wordt minstens elke drie jaar herzien om ervoor te zorgen dat het voldoet aan de nieuwste beveiligingsstandaarden en aansluit bij de behoeften van de organisatie.

Incident Management Planning

Melden van incidenten

De organisatie dient een duidelijk meldpunt te hebben voor incidenten, toegankelijk voor zowel interne als externe medewerkers.

Procedure voor melden

Een duidelijke procedure is noodzakelijk, inclusief taken en verantwoordelijkheden van het meldpunt.

Incidenten oplossen

De proceseigenaar is verantwoordelijk voor het oplossen van incidenten, en rapporteert de voortgang maandelijks aan de eindverantwoordelijke.

Aantekeningen:

Vanwege tekstlengte geredigeerd. Voor de volledige tekst: zie BIO.

Beheersmaatregel 5.24 - Plannen en voorbereiden van het beheer van informatiebeveiligingsincidenten.
De organisatie behoort plannen op te stellen voor, en zich voor te bereiden op, het beheren van informatiebeveiligingsincidenten. Dit omvat het definiëren, vaststellen en communiceren van processen, rollen en verantwoordelijkheden voor het beheer van deze incidenten.
Verplichte maatregelen:
5.24.01: Er moet een meldloket beschikbaar zijn voor zowel interne als externe medewerkers om beveiligingsincidenten te melden en te registreren.
5.24.02: Een meldprocedure moet worden opgesteld waarin de taken en verantwoordelijkheden van het meldloket duidelijk staan beschreven.
5.24.03: De proceseigenaar is verantwoordelijk voor het oplossen van beveiligingsincidenten.
5.24.04: De opvolging van incidenten dient maandelijks te worden gerapporteerd door de proceseigenaar aan de eindverantwoordelijke voor de bedrijfsvoering.
5.24.05: De incidentprocedure van de organisatie moet een koppeling maken met crisisbeheersing voor snelle opschaling bij grotere incidenten.
5.24.06: De beveiliging van toeleveringsketens moet onderdeel zijn van de risicoanalyse van de organisatie, waarbij specifieke kwetsbaarheden van directe leveranciers en dienstverleners worden meegenomen, evenals de algemene kwaliteit van hun producten en cyberbeveiligingspraktijken.
5.24.07: De incidentprocedure moet zijn ingericht om binnen de wettelijke termijn incidenten te melden bij het nationale CSIRT. Ook moeten meldingen van het nationale CSIRT worden opgenomen in de risicobehandeling en betrokkenen tijdig worden geïnformeerd over het incident.

Beoordelen van en besluiten over informatiebeveiligingsgebeurtenissen

Gedetailleerde Beoordeling

De organisatie beoordeelt alle informatiebeveiligingsgebeurtenissen en bepaalt of deze als incidenten gekwalificeerd worden.

Incidentafhandeling

Informatiebeveiligingsincidenten worden afgehandeld via het incidentbeheerproces, wat zorgt voor een snelle en effectieve reactie.

Rapportering aan Toezichthouders

Informatiebeveiligingsincidenten worden, indien relevant, gemeld aan toezichthouders zoals de CBW en de AVG.

Aantekeningen:

Beheersmaatregel 5.25 Beoordelen van en besluiten over informatiebeveiligingsgebeurtenissen
De organisatie behoort informatiebeveiligingsgebeurtenissen te beoordelen en te beslissen of ze moeten worden gecategoriseerd als informatiebeveiligingsincidenten.

Verplichte overheidsspecifieke maatregelen
5.25.01 Informatiebeveiligingsincidenten worden afgehandeld via het incidentbeheerproces. Ze worden, indien relevant, gemeld bij toezichthouders conform de bepalingen uit de betrokken wet- en regelgeving, zoals de CBW en de AVG.

Voorbeeld van een beheersmaatregel:
Wanneer een mogelijke beveiligingsgebeurtenis plaatsvindt, zoals ongeautoriseerde toegang tot een systeem, wordt deze beoordeeld door het beveiligingsteam. Indien de gebeurtenis een bedreiging vormt voor de beveiliging van informatie, wordt deze geclassificeerd als een incident en behandeld volgens het incidentbeheerproces.

Indien de situatie betrekking heeft op persoonsgegevens, wordt er melding gedaan bij de Autoriteit Persoonsgegevens zoals vereist door de AVG.

Door dergelijke maatregelen te nemen, zorgt de organisatie ervoor dat alle informatiebeveiligingsgebeurtenissen snel en correct worden beoordeeld en indien nodig gerapporteerd, waardoor de beveiliging en naleving worden gewaarborgd.

Reageren op Informatiebeveiligingsincidenten

Gedefinieerde Procedures

Voor een effectieve respons op incidenten, dient de organisatie over duidelijke en gedocumenteerde procedures te beschikken. Deze procedures beschrijven de stappen die ondernomen moeten worden bij het detecteren, beoordelen, beheersen en oplossen van informatiebeveiligingsincidenten.

Snelle en Gecoördineerde Actie

De procedures zorgen voor een gestroomlijnde aanpak, waardoor alle betrokkenen weten wat te doen en wanneer. Dit zorgt voor een snelle en gecoördineerde reactie, wat essentieel is om de impact van het incident te minimaliseren.

Aantekeningen:

Beheersmaatregel 5.26 Reageren op informatiebeveiligingsincidenten
Op informatiebeveiligingsincidenten behoort te worden gereageerd in overeenstemming met de gedocumenteerde procedures.

Verplichte overheidsspecifieke maatregelen
5.26.01 Als de beheersmaatregel van toepassing is, moet gebruik worden gemaakt van de bijbehorende implementatieaanwijzing uit de ISO 27002. Afwijken of niet toepassen van de beheersmaatregel moet worden onderbouwd met een risicoanalyse en de referentie naar deze analyse moet worden opgenomen in een bijlage met uitzonderingen in de Verklaring van Toepasselijkheid.

Voorbeeld van een beheersmaatregel:
Wanneer een informatiebeveiligingsincident plaatsvindt, zoals een poging tot ongeautoriseerde toegang of een datalek, dient het beveiligingsteam onmiddellijk te reageren op basis van de gedocumenteerde procedures.

Dit omvat onder meer het identificeren en isoleren van de bron van het incident, het nemen van maatregelen om verdere schade te voorkomen, en het communiceren met relevante stakeholders.

De gedocumenteerde procedures helpen ervoor te zorgen dat er een gestandaardiseerde en effectieve reactie plaatsvindt, waardoor incidenten op een gestructureerde manier worden aangepakt.

Dit draagt bij aan het minimaliseren van de impact van incidenten en zorgt ervoor dat de organisatie in staat is om snel en doeltreffend te handelen.

Programma

- Algemeen
- Module 1: Begrippen en inleiding BIO
- ● Module 2: Organisatorische maatregelen
- Module 3: Fysieke en mensgerichte maatregelen
- Module 4: Technologische maatregelen

Leren van informatiebeveiligingsincidenten

Analyse incidenten

Incidenten worden geanalyseerd om de oorzaak te achterhalen.

Verbeteringen worden geïmplementeerd om toekomstige incidenten te voorkomen.

Delen van kennis

De analyse wordt gedeeld met relevante partners.

Dit helpt om herhaling en toekomstige incidenten te voorkomen.

Aantekeningen:

Beheersmaatregel 5.27 Leren van informatiebeveiligingsincidenten
Kennis die is opgedaan met informatiebeveiligingsincidenten behoort te worden gebruikt om de beheersmaatregelen voor informatiebeveiliging te versterken en te verbeteren.

Verplichte overheidsspecifieke maatregelen

5.27.01 Beveiligingsincidenten worden geanalyseerd om achterliggende oorzaken vast te stellen, verbeteringen te realiseren en toekomstige beveiligingsincidenten te voorkomen.

5.27.02 De analyses van de beveiligingsincidenten, inclusief de achterliggende oorzaken en de verbeteringen, worden breed gedeeld met relevante partners om herhaling en toekomstige incidenten te voorkomen.

Voorbeeld van een beheersmaatregel:

Na een informatiebeveiligingsincident, zoals een phishing-aanval, wordt er een uitgebreide analyse uitgevoerd om de oorzaak vast te stellen. Als blijkt dat medewerkers niet voldoende bewust waren van phishing-risico's, worden aanvullende trainingssessies georganiseerd.

De resultaten van de analyse en de verbetermaatregelen worden gedeeld met alle betrokkenen en relevante partners, zodat de gehele organisatie en partners kunnen leren van het incident.

Op deze manier worden toekomstige aanvallen voorkomen en wordt de algehele weerbaarheid tegen dergelijke incidenten versterkt.

Het continu leren van incidenten helpt om de beveiligingsmaatregelen up-to-date en effectief te houden.

Verzamelen van bewijsmateriaal

Bewijsmateriaal identificeren, verzamelen en bewaren

Een organisatie moet procedures ontwikkelen en implementeren voor het identificeren, verzamelen, verkrijgen en bewaren van bewijsmateriaal dat betrekking heeft op informatiebeveiligingsincidenten. Dit bewijsmateriaal is essentieel voor het analyseren en oplossen van incidenten en kan ook dienen als bewijs in juridische procedures.

Bewaartermijn voor bewijsmateriaal

Alle informatie die nodig is voor het analyseren en oplossen van een (vermoed) informatiebeveiligingsincident moet minimaal drie jaar bewaard worden. Dit omvat logbestanden, analysegegevens, oplossingen en adviesrapporten. De bewaartermijn is cruciaal voor het vaststellen van oorzaken, het nemen van corrigerende maatregelen en het verbeteren van de informatiebeveiliging.

Aantekeningen:

Beheersmaatregel 5.28 Verzamelen van bewijsmateriaal
De organisatie behoort procedures vast te stellen en te implementeren voor het identificeren, verzamelen, verkrijgen en bewaren van bewijs met betrekking tot informatiebeveiligingsgebeurtenissen.

Verplichte overheidsspecifieke maatregelen
5.28.01 In geval van een (vermoed) informatiebeveiligingsincident is de bewaartermijn van alle informatie, benodigd voor het analyseren en oplossen van het incident, minimaal drie jaar. Dit betreft onder meer de informatie benodigd voor de analyse (waaronder logging), de oplossing en het advies.

Voorbeeld van een beheersmaatregel:

Wanneer een informatiebeveiligingsincident optreedt, zoals een mogelijke datalek, wordt er een proces gestart om bewijsmateriaal te verzamelen.

Dit proces omvat het identificeren van relevante logbestanden, het veiligstellen van de betrokken systemen en het verzamelen van netwerkverkeer dat betrekking heeft op het incident.

Deze informatie wordt volgens de vastgestelde procedures verzameld en minimaal drie jaar bewaard, zodat deze beschikbaar is voor analyse en mogelijke juridische doeleinden.

Dit helpt de organisatie niet alleen bij het oplossen van het incident maar biedt ook inzicht in hoe dergelijke incidenten in de toekomst kunnen worden voorkomen.

Het nauwkeurig bewaren van bewijsmateriaal is cruciaal voor zowel het analyseren van oorzaken als voor het kunnen afleggen van verantwoording.

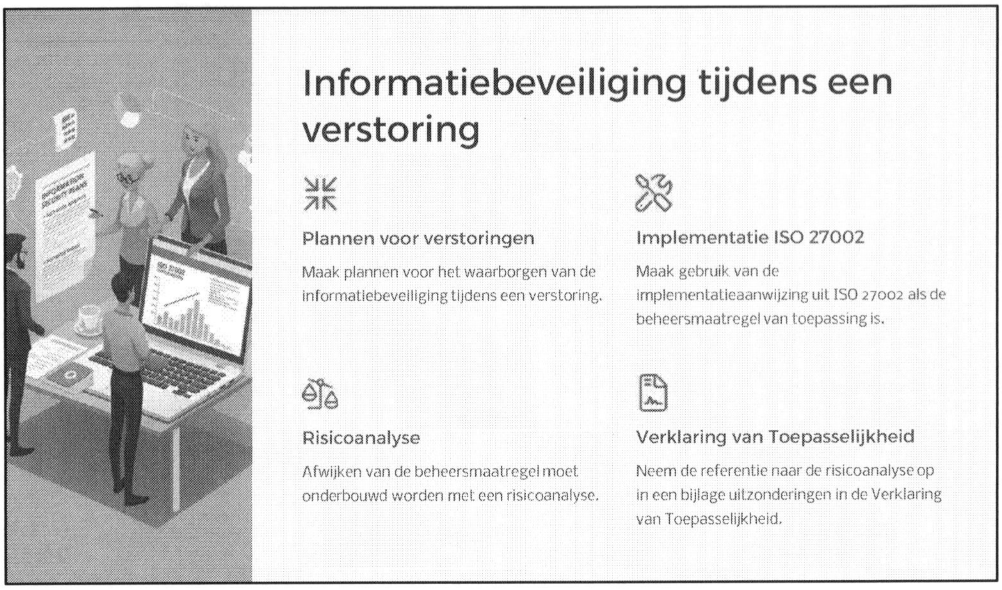

Aantekeningen:

Beheersmaatregel 5.29 Informatiebeveiliging tijdens een verstoring
De organisatie behoort plannen te maken voor het op het passende niveau waarborgen van de informatiebeveiliging tijdens een verstoring.

Verplichte overheidsspecifieke maatregelen

5.29.01 Als de beheersmaatregel van toepassing is, moet gebruik worden gemaakt van de bijbehorende implementatieaanwijzing uit de ISO 27002. Afwijken of niet toepassen van de beheersmaatregel moet worden onderbouwd met een risicoanalyse, en de referentie naar deze analyse moet in een bijlage met uitzonderingen worden opgenomen in de Verklaring van Toepasselijkheid.

Voorbeeld van een beheersmaatregel:

De organisatie stelt een plan op voor het waarborgen van informatiebeveiliging tijdens verstoringen, zoals een cyberaanval of technische storing.

Dit plan bevat specifieke maatregelen om de vertrouwelijkheid, integriteit en beschikbaarheid van gevoelige informatie te beschermen, zelfs in noodsituaties.

Zo worden alternatieve systemen en back-upvoorzieningen gebruikt om te garanderen dat informatie toegankelijk blijft voor bevoegde personen.

Het plan wordt regelmatig getest en bijgewerkt om ervoor te zorgen dat het effectief blijft.

Door deze voorbereidingen blijft de informatiebeveiliging op een passend niveau gehandhaafd, ook tijdens verstoringen.

Aantekeningen:

Beheersmaatregel 5.30 ICT-gereedheid voor bedrijfscontinuïteit
De ICT-gereedheid behoort te worden gepland, geïmplementeerd, onderhouden en getest op basis van bedrijfscontinuïteitsdoelstellingen en ICT-continuïteitseisen.

Verplichte overheidsspecifieke maatregelen

5.30.01 De proceseigenaar test jaarlijks de continuïteitsplannen op werking, volledigheid en actualiteit. De resultaten worden gebruikt om de plannen te verbeteren.

5.30.02 Binnen de inventarisatie van 5.12 identificeert de proceseigenaar kritieke systemen op basis van de vastgestelde risicomanagementmethodiek en een expliciete risicoafweging. De proceseigenaar actualiseert dit overzicht ten minste eens per drie jaar.

Voorbeeld van een beheersmaatregel:

De ICT-afdeling stelt een continuïteitsplan op voor kritieke systemen, waarbij de beschikbaarheid van deze systemen gewaarborgd blijft tijdens noodsituaties. Jaarlijks worden deze plannen getest door de proceseigenaar, waarbij mogelijke zwakke punten worden geïdentificeerd en verbeterd.

De proceseigenaar maakt gebruik van een risicomanagementmethodiek om te bepalen welke systemen essentieel zijn voor de bedrijfscontinuïteit, en actualiseert dit overzicht minimaal eens per drie jaar.

Dit proces helpt ervoor te zorgen dat de organisatie voorbereid is op verstoringen en dat de bedrijfsactiviteiten ongestoord doorgaan, zelfs in geval van calamiteiten.

Compliance met wettelijke vereisten

Wettelijke vereisten identificeren

Identificeer alle wettelijke vereisten die van toepassing zijn op de informatiebeveiliging van uw organisatie. Zorg voor een actueel overzicht van de relevante wet- en regelgeving.

Deze vereisten kunnen betrekking hebben op privacy, gegevensbescherming, cybersecurity of andere relevante wetten.

Documentatie en naleving

Documenteer de geïdentificeerde wettelijke vereisten en de maatregelen die uw organisatie neemt om aan deze vereisten te voldoen.

Dit document dient te worden onderhouden en regelmatig gecontroleerd op actuele wet- en regelgeving.

Aantekeningen:

Beheersmaatregel 5.31 Wettelijke, statutaire, regelgevende en contractuele eisen

Wettelijke, statutaire, regelgevende en contractuele eisen die relevant zijn voor informatiebeveiliging en de aanpak van de organisatie om aan deze eisen te voldoen, behoren te worden geïdentificeerd, gedocumenteerd en actueel gehouden.

Verplichte overheidsspecifieke maatregelen

5.31.01 Als de beheersmaatregel van toepassing is, moet gebruik worden gemaakt van de bijbehorende implementatieaanwijzing uit de ISO 27002. Afwijken of niet toepassen van de beheersmaatregel moet worden onderbouwd met een risicoanalyse, en de referentie naar deze analyse moet in een bijlage met uitzonderingen worden opgenomen in de Verklaring van Toepasselijkheid.

Voorbeeld van een beheersmaatregel:

De organisatie houdt een register bij van alle wettelijke, statutaire, regelgevende en contractuele verplichtingen die relevant zijn voor informatiebeveiliging, zoals de AVG en specifieke contractuele vereisten van klanten.

Dit register wordt regelmatig bijgewerkt om veranderingen in wet- en regelgeving te weerspiegelen.

Om te zorgen dat aan deze eisen wordt voldaan, worden interne audits uitgevoerd en wordt het personeel opgeleid over de relevante wet- en regelgeving.

Door deze aanpak blijft de organisatie compliant en zijn de maatregelen altijd afgestemd op de geldende verplichtingen.

Programma

Algemeen

Module 1: Begrippen en inleiding BIO

● Module 2: Organisatorische maatregelen

Module 3: Fysieke en mensgerichte maatregelen

Module 4: Technologische maatregelen

Intellectuele-eigendomsrechten

Deze beheersmaatregel richt zich op de bescherming van intellectueel eigendom van de organisatie. Dit omvat procedures voor het identificeren, classificeren en beschermen van vertrouwelijke informatie, zoals octrooien, handelsgeheimen, auteursrechten en handelsmerken. De organisatie dient procedures te implementeren die het gebruik en de verspreiding van deze informatie regelen.

Deze procedures moeten de integriteit en vertrouwelijkheid van het intellectuele eigendom waarborgen, inclusief bescherming tegen ongeoorloofde toegang, gebruik, openbaarmaking of vernietiging.

Aantekeningen:

Beheersmaatregel 5.32 Intellectuele-eigendomsrechten
De organisatie behoort passende procedures te implementeren om intellectuele-eigendomsrechten te beschermen.

Verplichte overheidsspecifieke maatregelen
5.32.01 Als de beheersmaatregel van toepassing is, moet gebruik worden gemaakt van de bijbehorende implementatieaanwijzing uit de ISO 27002. Afwijken of niet toepassen van de beheersmaatregel moet worden onderbouwd met een risicoanalyse, en de referentie naar deze analyse moet in een bijlage met uitzonderingen worden opgenomen in de Verklaring van Toepasselijkheid.

Voorbeeld van een beheersmaatregel:

Om intellectuele-eigendomsrechten te beschermen, implementeert de organisatie specifieke procedures, zoals het registreren van auteursrechten en het opstellen van duidelijke licentieovereenkomsten voor software en andere intellectuele eigendommen.

Alle medewerkers worden opgeleid in het gebruik van gelicentieerde software en krijgen richtlijnen om te voorkomen dat ze inbreuk maken op rechten van derden.

Daarnaast zorgt de organisatie ervoor dat alle contracten met externe partijen clausules bevatten die de bescherming van intellectuele eigendomsrechten waarborgen.

Deze aanpak helpt de organisatie om haar intellectuele eigendommen veilig te stellen en om juridische risico's te minimaliseren.

Programma

- Algemeen
- Module 1: Begrippen en inleiding BIO
- ● Module 2: Organisatorische maatregelen
- Module 3: Fysieke en mensgerichte maatregelen
- Module 4: Technologische maatregelen

Beschermen van registraties

Veiligheid van data

Registraties dienen te worden beschermd tegen verlies, vernietiging, vervalsing en ongeoorloofde toegang.

Bewaartermijnen

De proceseigenaar bepaalt de bewaartermijn voor alle informatie en legt deze vast, rekening houdend met relevante wet- en regelgeving.

Aantekeningen:

Beheersmaatregel 5.33 Beschermen van registraties
Registraties behoren te worden beschermd tegen verlies, vernietiging, vervalsing, toegang door onbevoegden en ongeoorloofde vrijgave.

Verplichte overheidsspecifieke maatregelen

5.33.01 De proceseigenaar heeft voor alle informatie(systemen) op selectielijsten vastgelegd wat de bewaartermijn is, rekening houdend met de eigen bedrijfsdoelstellingen en wet- en regelgeving zoals de Archiefwet en privacywetgeving. De proceseigenaar heeft deze termijnen ook praktisch ingeregeld en toetst periodiek de werking hiervan.

Voorbeeld van een beheersmaatregel:

De organisatie stelt procedures op om registraties, zoals financiële gegevens of klantinformatie, te beschermen tegen verlies of ongeautoriseerde toegang.

Dit omvat het implementeren van back-upmaatregelen om gegevensverlies te voorkomen, het versleutelen van gevoelige registraties en het beperken van toegang tot geautoriseerde medewerkers.

Daarnaast worden vernietigingsprocedures vastgelegd om ervoor te zorgen dat gegevens op een veilige manier worden verwijderd aan het einde van hun bewaartermijn, zoals vastgesteld op de selectielijst.

Door regelmatig te controleren of deze maatregelen effectief worden toegepast, waarborgt de organisatie dat registraties beschermd blijven tegen alle vormen van bedreiging, in overeenstemming met wet- en regelgeving.

Programma

- Algemeen
- Module 1: Begrippen en inleiding BIO
- ● Module 2: Organisatorische maatregelen
- Module 3: Fysieke en mensgerichte maatregelen
- Module 4: Technologische maatregelen

Aantekeningen:

Beheersmaatregel 5.34 Privacy en bescherming van persoonsgegevens

De organisatie behoort de eisen met betrekking tot het behoud van privacy en de bescherming van persoonsgegevens volgens de toepasselijke wet- en regelgeving en contractuele eisen te identificeren en eraan te voldoen.

Verplichte overheidsspecifieke maatregelen

5.34.01 Als de beheersmaatregel van toepassing is, moet gebruik worden gemaakt van de bijbehorende implementatieaanwijzing uit de ISO 27002. Afwijken of niet toepassen van de beheersmaatregel moet worden onderbouwd met een risicoanalyse, en de referentie naar deze analyse moet in een bijlage met uitzonderingen worden opgenomen in de Verklaring van Toepasselijkheid.

Voorbeeld van een beheersmaatregel:

De organisatie stelt een privacybeleid op dat voldoet aan de Algemene Verordening Gegevensbescherming (AVG) en andere relevante wet- en regelgeving. Dit beleid bevat richtlijnen voor het verzamelen, opslaan, gebruiken en verwijderen van persoonsgegevens, waarbij de privacy van betrokkenen gewaarborgd blijft.

Medewerkers worden getraind om de procedures correct uit te voeren, zoals het anonimiseren van gegevens waar mogelijk en het beperken van toegang tot persoonsgegevens tot alleen die medewerkers die deze echt nodig hebben.

Regelmatige audits worden uitgevoerd om naleving van deze procedures te controleren en eventuele verbeterpunten te identificeren. Door deze aanpak voldoet de organisatie aan de privacywetgeving en beschermt zij de persoonsgegevens van betrokkenen effectief.

Aantekeningen:

Beheersmaatregel 5.35 Onafhankelijke beoordeling van informatiebeveiliging
De aanpak van de organisatie ten aanzien van het beheer van informatiebeveiliging en de implementatie ervan, met inbegrip van mensen, processen en technologieën, behoren onafhankelijk en met geplande tussenpozen of zodra zich belangrijke veranderingen voordoen, te worden beoordeeld.

Verplichte overheidsspecifieke maatregelen

5.35.01 Er is een werkend ISMS conform de ISO 27001.
5.35.02 Er is een vastgesteld auditplan waarin jaarlijks keuzes worden gemaakt voor welke systemen welk soort beveiligingsaudits worden uitgevoerd.

Voorbeeld van een beheersmaatregel:
De organisatie zorgt ervoor dat de gehele informatiebeveiligingsaanpak, inclusief systemen, processen en medewerkers, regelmatig wordt beoordeeld door een onafhankelijke partij.

Dit kan bijvoorbeeld door middel van een externe audit uitgevoerd door een erkend beveiligingsbedrijf. Deze beoordeling wordt minstens jaarlijks uitgevoerd, en ook wanneer er grote veranderingen zijn, zoals de invoering van nieuwe technologieën of herstructurering van processen.

Er wordt een auditplan opgesteld waarin gedetailleerd is beschreven welke systemen gecontroleerd worden en welke beveiligingsaudits uitgevoerd moeten worden.

Op deze manier zorgt de organisatie ervoor dat de informatiebeveiliging voortdurend effectief blijft, en dat eventuele zwakke punten tijdig worden geïdentificeerd en aangepakt.

Programma

- Algemeen
- Module 1: Begrippen en inleiding BIO
- ● Module 2: Organisatorische maatregelen
- Module 3: Fysieke en mensgerichte maatregelen
- Module 4: Technologische maatregelen

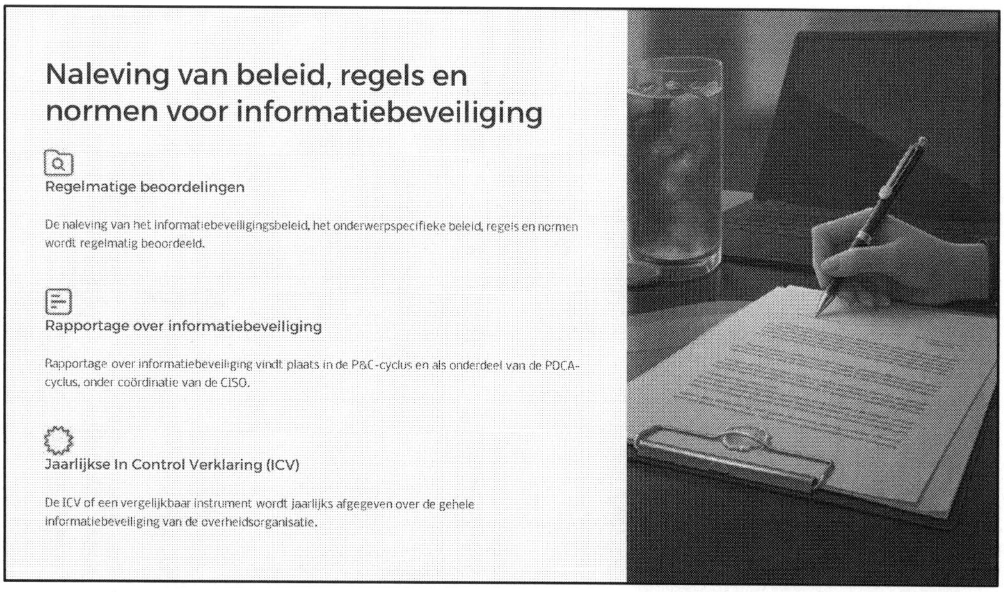

Aantekeningen:

Beheersmaatregel 5.36 Naleving van beleid, regels en normen voor informatiebeveiliging

De naleving van het informatiebeveiligingsbeleid, het onderwerpspecifieke beleid, regels en de normen van de organisatie behoort regelmatig te worden beoordeeld.

Verplichte overheidsspecifieke maatregelen

5.36.01 In de P&C-cyclus en als onderdeel van de PDCA-cyclus wordt gerapporteerd over informatiebeveiliging onder coördinatie van de CISO. Dit resulteert in een jaarlijks af te geven In Control Verklaring (ICV), of een vergelijkbaar instrument, over de gehele informatiebeveiliging van de overheidsorganisatie. De ICV of het vergelijkbare instrument kan ook onderdeel zijn van de formele verantwoording.

Voorbeeld van een beheersmaatregel:

De organisatie beoordeelt periodiek de naleving van het informatiebeveiligingsbeleid en de bijbehorende normen, bijvoorbeeld door interne controles en audits die worden uitgevoerd door de CISO.

De resultaten worden gerapporteerd in het kader van de Planning & Control (P&C) cyclus, waarbij wordt nagegaan of het beleid daadwerkelijk effectief is en waar eventuele verbeteringen nodig zijn.

Dit leidt tot een jaarlijkse In Control Verklaring (ICV), waarin de organisatie aangeeft dat de informatiebeveiliging op een afdoende niveau is.

Op deze manier zorgt de organisatie voor structurele naleving en continue verbetering van haar informatiebeveiligingspraktijken, wat cruciaal is om risico's te beperken en vertrouwen te behouden.

Programma

- Algemeen
- Module 1: Begrippen en inleiding BIO
- ● Module 2: Organisatorische maatregelen
- Module 3: Fysieke en mensgerichte maatregelen
- Module 4: Technologische maatregelen

Gedocumenteerde bedieningsprocedures

Duidelijkheid en Toegankelijkheid

Het documenteren van bedieningsprocedures zorgt voor duidelijkheid en toegankelijkheid voor het personeel.

Standaardisatie en Efficiëntie

Standaardprocedures bevorderen efficiëntie, consistentie en een gestroomlijnde aanpak.

Conformiteit en Beheer

Gedocumenteerde procedures zorgen voor conformiteit met beleid, normen en regelgeving.

Aantekeningen:

Beheersmaatregel 5.37 Gedocumenteerde bedieningsprocedures
Bedieningsprocedures voor informatieverwerkende faciliteiten behoren te worden gedocumenteerd en beschikbaar gesteld aan het personeel dat ze nodig heeft.

Verplichte overheidsspecifieke maatregelen
7.35.01 Als de beheersmaatregel van toepassing is, moet gebruik worden gemaakt van de bijbehorende implementatieaanwijzing uit de ISO 27002. Afwijken of niet toepassen van de beheersmaatregel moet worden onderbouwd met een risicoanalyse, en de referentie naar deze analyse moet in een bijlage met uitzonderingen worden opgenomen in de Verklaring van Toepasselijkheid.

Voorbeeld van een beheersmaatregel:
De organisatie documenteert alle bedieningsprocedures die van toepassing zijn op de informatieverwerkende faciliteiten, zoals servers en netwerkapparatuur.

Deze procedures beschrijven onder andere hoe routineactiviteiten moeten worden uitgevoerd, zoals het starten en stoppen van systemen, back-upprocessen en het uitvoeren van updates.

Om ervoor te zorgen dat de juiste mensen toegang hebben tot deze informatie, worden de gedocumenteerde procedures opgeslagen op een interne portal waar alleen bevoegde medewerkers toegang toe hebben.

Bovendien worden de procedures regelmatig beoordeeld en bijgewerkt om ervoor te zorgen dat ze up-to-date blijven en effectief worden toegepast.

Hierdoor zijn alle betrokken medewerkers in staat om consistent en veilig te handelen volgens de vastgestelde procedures.

Programma

- Algemeen
- Module 1: Begrippen en inleiding BIO
- Module 2: Organisatorische maatregelen
- Module 3: Fysieke en mensgerichte maatregelen
- Module 4: Technologische maatregelen

Aantekeningen:

Programma

- Algemeen
- Module 1: Begrippen en inleiding BIO
- Module 2: Organisatorische maatregelen
- ● Module 3: Fysieke en mensgerichte maatregelen
- Module 4: Technologische maatregelen

Module 3:

Mensgerichte maatregelen

Mensgerichte maatregelen richten zich op bewustwording, training en gedrag van medewerkers.

Dit omvat bijvoorbeeld security-awareness programma's en het bevorderen van een cultuur van beveiligingsbewustzijn.

Aantekeningen:

Medewerkers vormen vaak de zwakste schakel in informatiebeveiliging. Door gerichte trainingen en campagnes kunnen zij leren phishing te herkennen, veilige wachtwoorden te gebruiken en melding te maken van incidenten. Daarnaast stimuleert een open cultuur medewerkers om veiligheidsrisico's zonder angst te rapporteren.

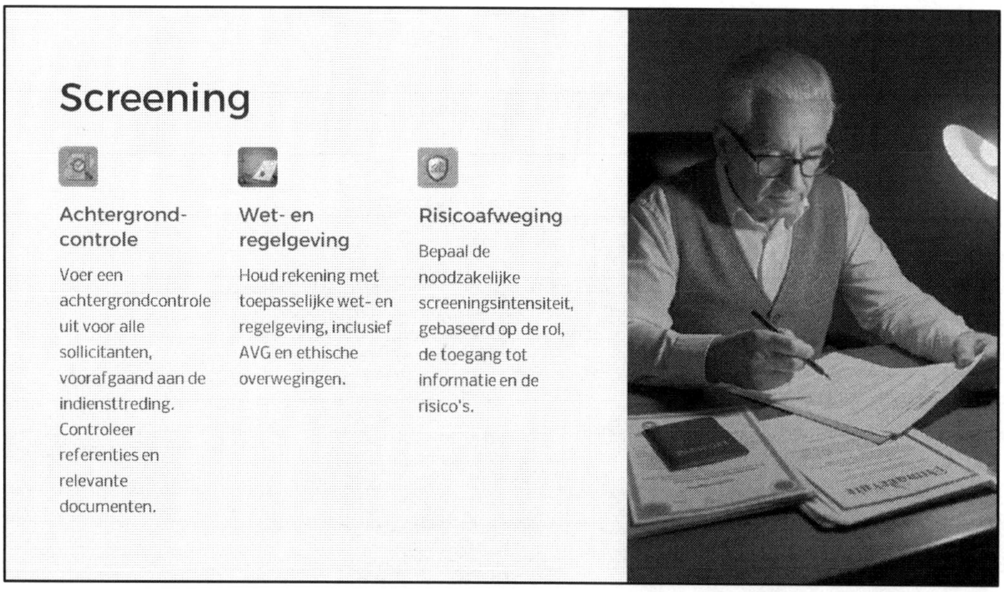

Aantekeningen:

Beheersmaatregel 6.01 Screening

De achtergrond van alle kandidaten voor een dienstverband behoort te worden gecontroleerd voordat ze bij de organisatie in dienst treden en daarna op gezette tijden te worden herhaald. Hierbij behoort rekening te worden gehouden met de toepasselijke wet- en regelgeving en ethische overwegingen, en deze controle behoort in verhouding te staan tot de bedrijfseisen, de classificatie van de informatie waartoe toegang wordt verleend en de vastgestelde risico's.

Verplichte overheidsspecifieke maatregelen

6.01.01 Elke organisatie heeft een vastgesteld screeningsbeleid. Bij indiensttreding en bij functiewijziging kan op basis van een risicoafweging een Verklaring Omtrent het Gedrag (VOG) gevraagd worden.

Voorbeeld van een beheersmaatregel:

De organisatie heeft een screeningsbeleid opgesteld dat vereist dat alle nieuwe medewerkers voorafgaand aan hun indiensttreding worden gecontroleerd. Dit omvat bijvoorbeeld het opvragen van een Verklaring Omtrent het Gedrag (VOG) bij functies die toegang geven tot gevoelige informatie. Voor bepaalde posities kan ook een kredietwaardigheidscheck of referentiecontrole worden uitgevoerd.

Deze screening wordt niet alleen toegepast bij indiensttreding, maar ook herhaald als medewerkers van functie veranderen of een hogere toegang tot bedrijfsinformatie krijgen.

Hierdoor waarborgt de organisatie dat medewerkers betrouwbaar zijn en geschikt voor de verantwoordelijkheden die hun functie met zich meebrengt, terwijl ethische overwegingen en wettelijke vereisten strikt in acht worden genomen.

Programma
- Algemeen
- Module 1: Begrippen en inleiding BIO
- Module 2: Organisatorische maatregelen
- ● Module 3: Fysieke en mensgerichte maatregelen
- Module 4: Technologische maatregelen

Arbeidsovereenkomst

1 Duidelijke Verantwoordelijkheden

Arbeidsovereenkomsten moeten de verantwoordelijkheden van zowel het personeel als de organisatie op het gebied van informatiebeveiliging duidelijk omschrijven.

2 Duidelijke Instructies

Alle werknemers, zowel intern als extern, moeten tijdens hun aanstelling of functiewisseling worden geïnformeerd over hun verantwoordelijkheden op het gebied van informatiebeveiliging.

3 Eenvoudige Toegankelijkheid

De voor werknemers geldende regelingen en instructies ten aanzien van informatiebeveiliging moeten gemakkelijk toegankelijk zijn.

Aantekeningen:

Beheersmaatregel 6.02 Arbeidsovereenkomst
In arbeidsovereenkomsten behoort te worden vermeld wat de verantwoordelijkheden van het personeel en van de organisatie zijn wat betreft informatiebeveiliging.

Verplichte overheidsspecifieke maatregelen
6.02.01 Alle medewerkers (intern en extern) zijn bij hun aanstelling of functiewisseling gewezen op hun verantwoordelijkheden ten aanzien van informatiebeveiliging. De voor hen geldende regelingen en instructies ten aanzien van informatiebeveiliging zijn eenvoudig toegankelijk.

Voorbeeld van een beheersmaatregel:
In iedere arbeidsovereenkomst wordt expliciet opgenomen dat medewerkers verantwoordelijk zijn voor het naleven van de informatiebeveiligingsprocedures van de organisatie.

Het document beschrijft bijvoorbeeld de verplichting om wachtwoorden vertrouwelijk te houden, zorgvuldig om te gaan met gevoelige informatie, en direct melding te maken van mogelijke beveiligingsincidenten.

Daarnaast worden medewerkers bij indiensttreding actief geïnformeerd over deze afspraken, bijvoorbeeld via een introductietraining waarin de basisprincipes van informatiebeveiliging worden behandeld. De informatiebeveiligingsrichtlijnen, zoals het correct afhandelen van gevoelige documenten en het beveiligen van werkplekken, zijn ook altijd beschikbaar via een interne portal.

Hiermee zorgt de organisatie ervoor dat alle medewerkers hun verantwoordelijkheden kennen en weten hoe ze de beveiligingsmaatregelen moeten naleven om de integriteit, vertrouwelijkheid en beschikbaarheid van informatie te waarborgen.

Programma

- Algemeen
- Module 1: Begrippen en inleiding BIO
- Module 2: Organisatorische maatregelen
- ● Module 3: Fysieke en mensgerichte maatregelen
- Module 4: Technologische maatregelen

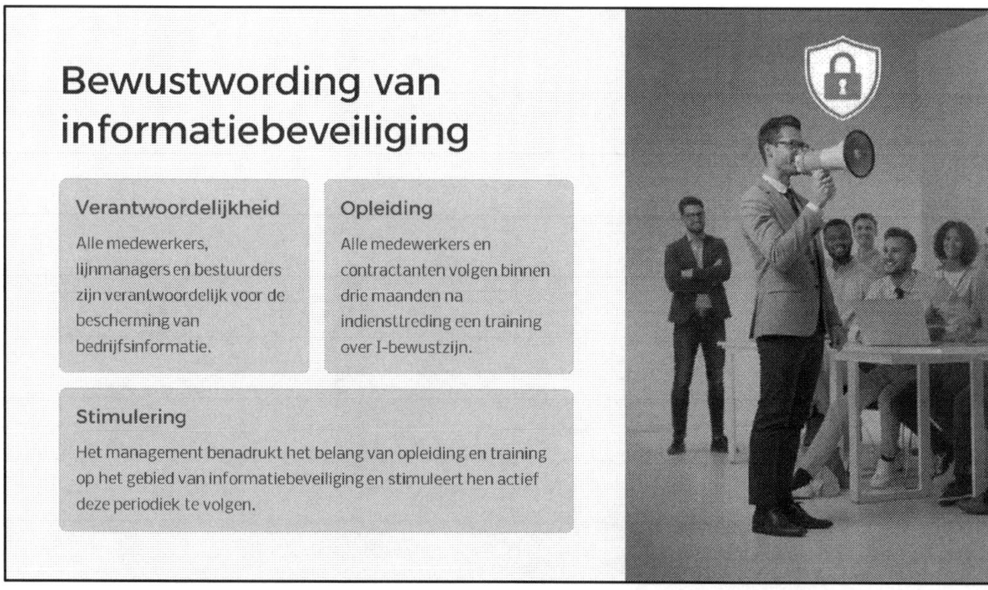

Aantekeningen:

Beheersmaatregel 6.03 Bewustwording van, opleiding en training in informatiebeveiliging

Personeel van de organisatie en relevante belanghebbenden behoren een passende bewustwording te ontwikkelen door opleiding en training in informatiebeveiliging en regelmatige updates over het informatiebeveiligingsbeleid, onderwerpspecifieke beleidsregels en procedures van de organisatie, voor zover relevant voor hun functie.

Verplichte overheidsspecifieke maatregelen

6.03.01 Alle medewerkers, lijnmanagers en bestuurders hebben de verantwoordelijkheid bedrijfsinformatie te beschermen. Iedereen kent de regels en verplichtingen met betrekking tot informatiebeveiliging en daar waar relevant de speciale eisen voor gerubriceerde omgevingen.

6.03.02 Alle medewerkers en contractanten die gebruikmaken van de informatiesystemen en -diensten hebben binnen drie maanden na indiensttreding aantoonbaar een training I-bewustzijn succesvol gevolgd.

6.03.03 Het management benadrukt bij aanstelling en interne overplaatsing en bijvoorbeeld in werkoverleggen of in personeelsgesprekken bij zijn medewerkers en contractanten het belang van opleiding en training op het gebied van informatiebeveiliging en stimuleert hen actief deze periodiek te volgen.

Voorbeeld van een beheersmaatregel:

De organisatie zorgt ervoor dat alle medewerkers tijdig worden geïnformeerd over en getraind in informatiebeveiliging. Dit omvat bewustwording, regelmatige updates en training specifiek afgestemd op de functie en verantwoordelijkheden. Het management stimuleert bewustwording en zorgt ervoor dat de juiste kennis aanwezig is, zodat medewerkers adequaat kunnen handelen volgens het informatiebeveiligingsbeleid.

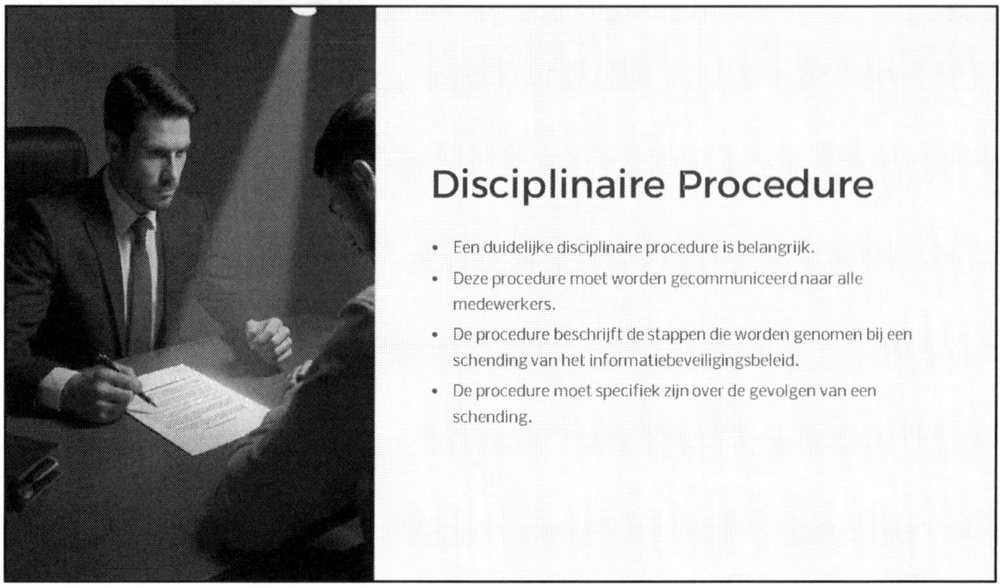

Aantekeningen:

Beheersmaatregel 6.04 Disciplinaire procedure
Er behoort een formele en gecommuniceerde disciplinaire procedure te zijn om actie te ondernemen tegen personeel en andere belanghebbenden die zich schuldig hebben gemaakt aan een schending van het informatiebeveiligingsbeleid.

Verplichte overheidsspecifieke maatregelen
6.04.01 Als de beheersmaatregel van toepassing is, dan moet gebruik gemaakt worden van de bijbehorende implementatieaanwijzing uit de ISO 27002. Afwijken of niet toepassen van de bovenliggende beheersmaatregel moet worden onderbouwd met een risicoanalyse, en de referentie naar deze analyse moet in een bijlage uitzonderingen opgenomen zijn in de Verklaring van Toepasselijkheid.

Voorbeeld van een beheersmaatregel:
Het is van groot belang dat de organisatie een duidelijk geformuleerde disciplinaire procedure heeft die breed wordt gecommuniceerd naar alle medewerkers en belanghebbenden. Deze procedure beschrijft de stappen die worden ondernomen bij een overtreding van het informatiebeveiligingsbeleid. Dit kan variëren van een informele waarschuwing tot formele disciplinaire maatregelen zoals schorsing of ontslag, afhankelijk van de ernst van de overtreding.

Daarnaast dient de organisatie ervoor te zorgen dat de disciplinaire procedures in overeenstemming zijn met bestaande wet- en regelgeving en ethische standaarden. Medewerkers moeten op de hoogte worden gesteld van deze procedures tijdens de onboarding en daarna regelmatig worden geïnformeerd, bijvoorbeeld via bewustwordingscampagnes en trainingen.

Dit helpt niet alleen bij het naleven van informatiebeveiligingsregels, maar creëert ook een cultuur van verantwoordelijkheid en alertheid op het gebied van informatiebeveiliging.

Verantwoordelijkheden na beëindiging van het dienstverband

Verantwoordelijkheden en taken

Definieer verantwoordelijkheden en taken met betrekking tot informatiebeveiliging na beëindiging van het dienstverband.

Communiceer deze verantwoordelijkheden en taken aan relevant personeel en andere belanghebbenden.

Informatiebeveiliging na ontslag

Stel duidelijk vast welke informatiebeveiligingsverantwoordelijkheden van kracht blijven na beëindiging van een dienstverband.

Zorg ervoor dat alle relevante personen, inclusief voormalige werknemers, op de hoogte zijn van deze verplichtingen.

Aantekeningen:

Beheersmaatregel 6.05 Verantwoordelijkheden na beëindiging of wijziging van het dienstverband
Verantwoordelijkheden en taken met betrekking tot informatiebeveiliging die van kracht blijven na beëindiging of wijziging van het dienstverband, behoren te worden gedefinieerd, gehandhaafd en gecommuniceerd aan relevant personeel en andere belanghebbenden.

Verplichte overheidsspecifieke maatregelen
6.05.01 Als de beheersmaatregel van toepassing is, dan moet gebruik gemaakt worden van de bijbehorende implementatieaanwijzing uit de ISO 27002. Afwijken of niet toepassen van de bovenliggende beheersmaatregel moet worden onderbouwd met een risicoanalyse, en de referentie naar deze analyse moet in een bijlage uitzonderingen opgenomen zijn in de Verklaring van Toepasselijkheid.

Voorbeeld van een beheersmaatregel:
Bij beëindiging of wijziging van het dienstverband is het belangrijk dat de verantwoordelijkheden van de werknemer op het gebied van informatiebeveiliging duidelijk worden gedefinieerd en gecommuniceerd. Dit houdt bijvoorbeeld in dat toegang tot alle bedrijfsinformatie en -systemen onmiddellijk moet worden ingetrokken en dat medewerkers op de hoogte worden gebracht van hun voortdurende geheimhoudingsverplichtingen.

Daarnaast moeten medewerkers begrijpen dat zij ook na hun vertrek of functiewijziging aansprakelijk kunnen worden gesteld voor ongeoorloofde verspreiding of misbruik van gevoelige bedrijfsinformatie. Het is aan de leidinggevende en HR-afdeling om ervoor te zorgen dat deze verantwoordelijkheden duidelijk worden uitgelegd en dat de werknemer een verklaring ondertekent die dit bevestigt. Dit versterkt de informatiebeveiliging van de organisatie en verkleint de kans op mogelijke datalekken.

Programma

- Algemeen
- Module 1: Begrippen en inleiding BIO
- Module 2: Organisatorische maatregelen
- ● Module 3: Fysieke en mensgerichte maatregelen
- Module 4: Technologische maatregelen

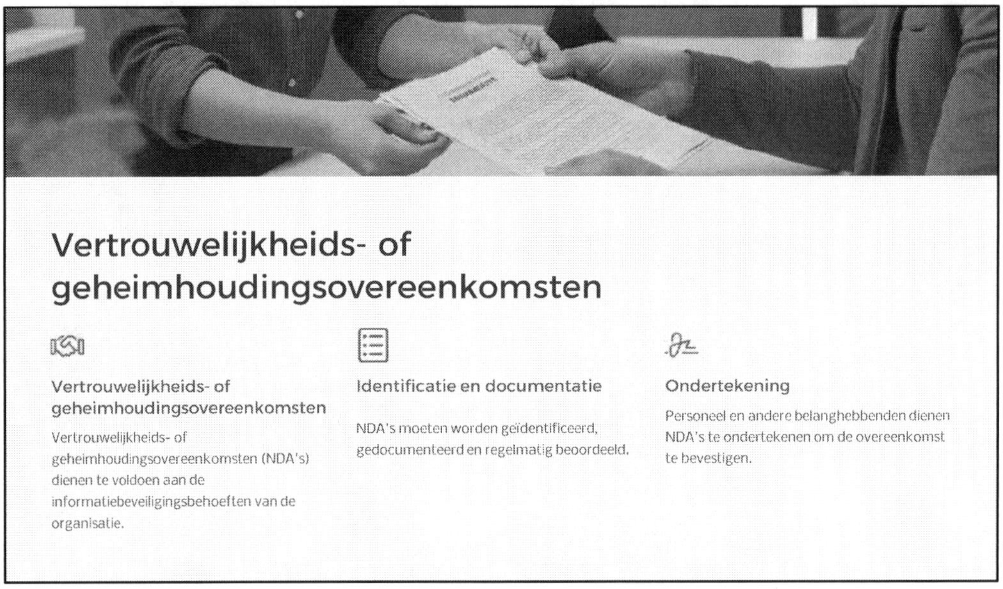

Aantekeningen:

Beheersmaatregel 6.06 Vertrouwelijkheids- of geheimhoudingsovereenkomsten
Vertrouwelijkheids- of geheimhoudingsovereenkomsten die de behoeften van de organisatie inzake de bescherming van informatie weerspiegelen, behoren te worden geïdentificeerd, gedocumenteerd, regelmatig te worden beoordeeld en ondertekend door personeel en andere relevante belanghebbenden.

Verplichte overheidsspecifieke maatregelen
6.06.01 Als de beheersmaatregel van toepassing is dan moet gebruik gemaakt worden van de bijbehorende implementatieaanwijzing uit de ISO 27002. Afwijken of niet toepassen van bovenliggende beheersmaatregel moet worden onderbouwd met een risicoanalyse en de referentie naar deze analyse moet in een bijlage uitzonderingen opgenomen zijn in de Verklaring van Toepasselijkheid.

Voorbeeld van een beheersmaatregel:
Een organisatie die werkt met gevoelige informatie, zoals persoonsgegevens of bedrijfsgeheimen, verplicht alle medewerkers, leveranciers en partners een geheimhoudingsovereenkomst (NDA) te ondertekenen. Deze overeenkomsten worden opgesteld volgens de richtlijnen van ISO 27002, waarbij de nadruk ligt op de bescherming van vertrouwelijke gegevens.

Bij indiensttreding van een nieuwe medewerker wordt de NDA onderdeel van het introductieproces, zodat medewerkers zich direct bewust zijn van hun verantwoordelijkheden. Daarnaast worden deze overeenkomsten jaarlijks geëvalueerd en aangepast indien nodig, bijvoorbeeld wanneer de aard van de informatie verandert of als gevolg van nieuwe wet- en regelgeving.
Hiermee zorgt de organisatie ervoor dat alle betrokkenen up-to-date blijven en de vertrouwelijkheid van informatie voortdurend gewaarborgd blijft.

Programma

- Algemeen
- Module 1: Begrippen en inleiding BIO
- Module 2: Organisatorische maatregelen
- ● Module 3: Fysieke en mensgerichte maatregelen
- Module 4: Technologische maatregelen

Werken op Afstand

Beveiligingsmaatregelen

Wanneer personeel op afstand werkt, zijn er beveiligingsmaatregelen nodig om informatie te beschermen die buiten het gebouw van de organisatie wordt bekeken, verwerkt of opgeslagen.

Implementatie

Volg de ISO 27002-richtlijn voor informatiebeveiliging. Onderbouw afwijkingen met een risicoanalyse. Deze analyse moet in de Verklaring van Toepasselijkheid in de bijlage 'uitzonderingen' opgenomen zijn.

Aantekeningen:

Beheersmaatregel 6.07 Werken op afstand
Wanneer personeel op afstand werkt, behoren er beveiligingsmaatregelen te worden geïmplementeerd om informatie te beschermen die buiten het gebouw en/of terrein van de organisatie wordt ingezien, verwerkt of opgeslagen.

Verplichte overheidsspecifieke maatregelen
6.07.01 Als de beheersmaatregel van toepassing is dan moet gebruik gemaakt worden van de bijbehorende implementatieaanwijzing uit de ISO 27002. Afwijken of niet toepassen van bovenliggende beheersmaatregel moet worden onderbouwd met een risicoanalyse en de referentie naar deze analyse moet in een bijlage uitzonderingen opgenomen zijn in de Verklaring van Toepasselijkheid.

Voorbeeld van een beheersmaatregel:
Een organisatie waarbij veel medewerkers vanuit huis of andere locaties werken, voert beveiligingsmaatregelen in zoals het gebruik van een VPN (Virtual Private Network) om verbinding te maken met de interne systemen. Daarnaast worden laptops en andere mobiele apparaten die buiten het kantoor worden gebruikt, voorzien van encryptie, zodat alle gegevens veilig zijn, zelfs in het geval van verlies of diefstal.

Medewerkers krijgen regelmatig training over veilig werken op afstand, bijvoorbeeld over het gebruik van sterke wachtwoorden en hoe ze phishing kunnen herkennen. Bovendien zijn er duidelijke beleidsregels opgesteld die beschrijven welke beveiligingsmaatregelen nodig zijn om op een veilige manier op afstand te werken.

Denk hierbij aan het gebruik van beveiligde netwerken en het vermijden van openbare Wi-Fi-netwerken zonder extra beveiligingsmaatregelen.

Zo zorgt de organisatie ervoor dat informatie ook buiten de fysieke kantooromgeving beschermd blijft.

Programma

- Algemeen
- Module 1: Begrippen en inleiding BIO
- Module 2: Organisatorische maatregelen
- ● Module 3: Fysieke en mensgerichte maatregelen
- Module 4: Technologische maatregelen

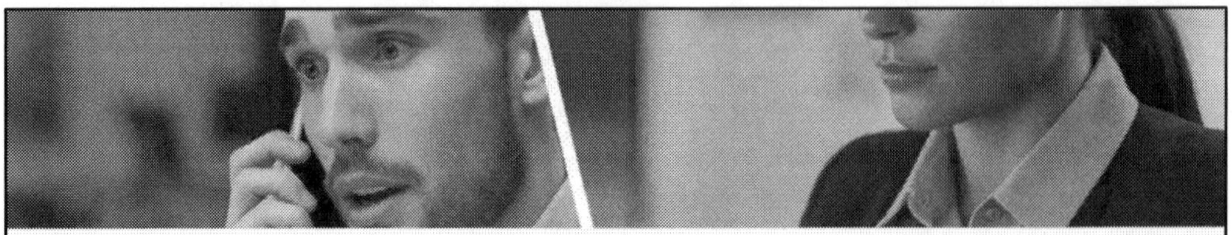

Melden van informatiebeveiligingsgebeurtenissen

Tijdige melding

De organisatie dient een mechanisme te hebben waarmee personeel een waargenomen of een vermoeden van een informatiebeveiligingsgebeurtenis tijdig kan melden. Dit mechanisme moet passende kanalen omvatten voor het melden van incidenten.

Kennis van de procedure

Alle medewerkers, zowel intern als extern, moeten aantoonbaar kennis hebben genomen van de meldingsprocedure voor incidenten. Deze kennis moet worden vastgelegd en gedocumenteerd om te kunnen aantonen dat de procedure bekend is bij alle betrokkenen.

Aantekeningen:

Beheersmaatregel 6.08 Melden van informatiebeveiligingsgebeurtenissen

De organisatie behoort te voorzien in een mechanisme waarmee personeel waargenomen of vermoede informatiebeveiligingsgebeurtenissen tijdig via passende kanalen kan melden.

Verplichte overheidsspecifieke maatregelen

6.08.01 Alle medewerkers (intern en extern) hebben aantoonbaar kennisgenomen van de meldingsprocedure van incidenten.

Voorbeeld van een beheersmaatregel:

De organisatie heeft een uitgebreide meldingsprocedure opgezet die het personeel in staat stelt om snel en eenvoudig informatiebeveiligingsincidenten te melden. Incidenten kunnen worden gemeld via meerdere kanalen, zoals het interne intranetportaal, een speciaal telefoonnummer of zelfs anoniem via een meldingsformulier. Deze procedure is ontworpen om meldingen van incidenten, zoals verloren laptops, phishing-e-mails of ongeautoriseerde toegangspogingen, adequaat en tijdig te kunnen behandelen.

Alle medewerkers ontvangen een jaarlijkse training waarin de meldingsprocedure wordt uitgelegd, en deze procedure wordt ook besproken tijdens onboarding van nieuwe medewerkers. Het bewustzijn omtrent meldingen wordt gestimuleerd door regelmatige herhaling van de procedures via e-mails, posters op de werkvloer en e-learning modules.

Daarnaast is het informatiebeveiligingsteam beschikbaar voor vragen en begeleiding bij het melden van een incident. Door duidelijke richtlijnen en een ondersteunende cultuur zorgt de organisatie ervoor dat potentiële beveiligingsrisico's snel kunnen worden geïdentificeerd, gemeld en adequaat opgevolgd. Zo wordt de impact van mogelijke incidenten beperkt, en wordt de algehele beveiliging verbeterd.

Module 3:

Fysieke maatregelen

Fysieke maatregelen beschermen tegen ongeautoriseerde toegang tot gebouwen en apparatuur. Voorbeelden zijn sloten, toegangspassen, beveiligde serverruimtes en camera's.

Aantekeningen:

Fysieke beveiliging zorgt ervoor dat kritieke IT-infrastructuur en gevoelige informatie beschermd blijven tegen onbevoegden. Denk aan toegangscontrole met biometrie, beveiligde datacenters met strenge toegangsprocedures, en het monitoren van ruimtes via CCTV. Dit minimaliseert risico's zoals diefstal of sabotage.

Programma

- Algemeen
- Module 1: Begrippen en inleiding BIO
- Module 2: Organisatorische maatregelen
- ● Module 3: Fysieke en mensgerichte maatregelen
- Module 4: Technologische maatregelen

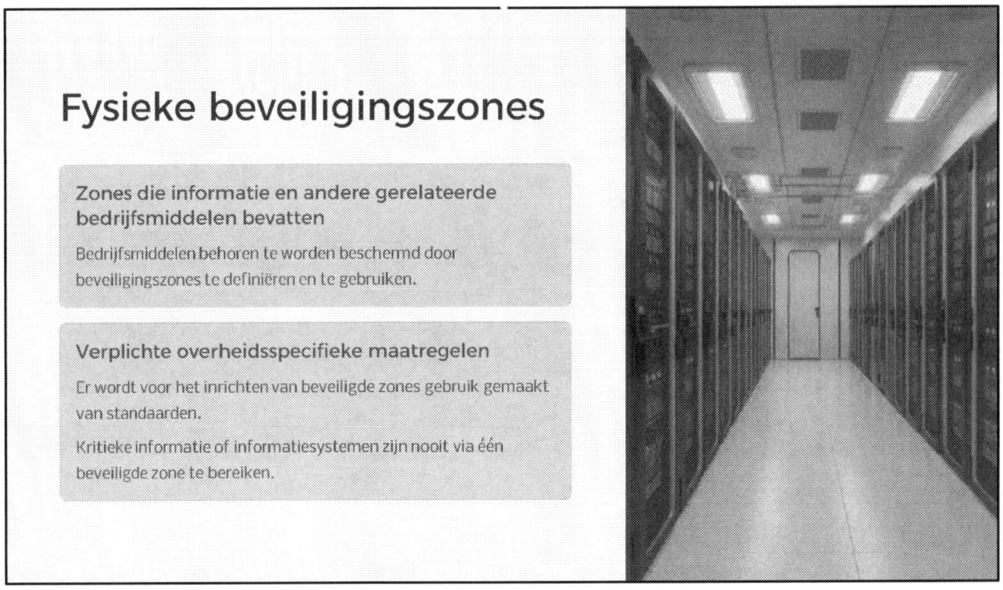

Aantekeningen:

Beheersmaatregel 7.01 Fysieke beveiligingszones
Zones die informatie en andere gerelateerde bedrijfsmiddelen bevatten, behoren te worden beschermd door beveiligingszones te definiëren en te gebruiken.

Verplichte overheidsspecifieke maatregelen
7.01.01 Er wordt voor het inrichten van beveiligde zones gebruik gemaakt van standaarden.
7.01.02 Kritieke informatie of informatiesystemen zijn nooit via één beveiligde zone te bereiken.

Voorbeeld van een beheersmaatregel:
Een organisatie die gevoelige informatie verwerkt, maakt gebruik van beveiligingszones om waardevolle bedrijfsmiddelen te beschermen. Deze zones worden gedefinieerd in verschillende beveiligingsschillen, waarbij elke zone een toenemend niveau van beveiliging biedt.

De buitenste zone is vaak toegankelijk voor alle medewerkers en bezoekers, zoals de receptie. Binnen deze zone zijn er vervolgens meer afgeschermde gebieden die alleen toegankelijk zijn voor geautoriseerd personeel met een toegangspas.

Bijvoorbeeld, serverruimtes en archieven met vertrouwelijke gegevens bevinden zich in de binnenste zones, waar aanvullende fysieke maatregelen zoals versterkte deuren, sloten en beveiligingscamera's worden gebruikt. Om kritieke systemen extra te beschermen, worden deze nooit via slechts één beveiligde zone bereikt, maar bevinden zich binnen meerdere beveiligingsschillen.

Daarnaast krijgen medewerkers training over het belang van beveiligingszones en worden ze aangespoord om verdachte activiteiten te melden, waardoor zowel de fysieke beveiliging als het veiligheidsbewustzijn wordt versterkt.

Programma

- Algemeen
- Module 1: Begrippen en inleiding BIO
- Module 2: Organisatorische maatregelen
- ● Module 3: Fysieke en mensgerichte maatregelen
- Module 4: Technologische maatregelen

Fysieke Toegangsbeveiliging

1 Beveiligingszones

Beveiligde zones dienen te worden afgeschermd door fysieke barrières, zoals muren, deuren en hekwerken. Deze barrières dienen te worden ontworpen om ongeautoriseerde toegang te voorkomen en te voldoen aan de vereisten van de beveiligingsclassificatie van de zone.

2 Toegangscontrole

Toegangen moeten worden beveiligd met toegangscontrolemaatregelen zoals sloten, paslezers en bewaking. Hiermee moet ongeautoriseerde toegang worden bemoeilijkt en worden voldaan aan de beveiligingsclassificatie van de zone.

3 Waarschuwingen

In geval van concrete beveiligingsrisico's dienen waarschuwingen te worden verzonden aan de relevante collega's binnen het beveiligingsdomein van de overheid.

Aantekeningen:

Beheersmaatregel 7.02 Fysieke toegangsbeveiliging
Beveiligde zones behoren te worden beschermd door passende toegangsbeveiligingsmaatregelen en toegangspunten.

Verplichte overheidsspecifieke maatregelen
7.02.01 In geval van concrete beveiligingsrisico's worden waarschuwingen, conform onderlinge afspraken, verzonden aan de relevante collega's binnen het beveiligingsdomein van de overheid.

Voorbeeld van een beheersmaatregel:
Een organisatie die werkt met vertrouwelijke informatie, zoals persoonsgegevens of strategische documenten, implementeert strenge fysieke toegangsbeveiligingsmaatregelen om onbevoegde toegang te voorkomen. In dit voorbeeld wordt gebruikgemaakt van elektronische toegangscontrolesystemen, zoals toegangskaarten of biometrische scanners, bij alle toegangen tot beveiligde zones. Alleen geautoriseerd personeel mag deze zones betreden.

Daarnaast zijn er in beveiligde zones camera's geïnstalleerd die continu toezicht houden op alle toegangspunten. Bij detectie van ongeautoriseerde toegang of andere verdachte activiteiten worden beveiligingsmeldingen automatisch verzonden naar de beveiligingsafdeling, zodat zij snel kunnen reageren. In overeenstemming met de overheidsvoorschriften worden, indien er specifieke beveiligingsrisico's worden geconstateerd, waarschuwingen gedeeld met alle relevante overheidscollega's om de veiligheid op alle fronten te waarborgen.

Het is essentieel dat medewerkers zich bewust zijn van de toegangsbeveiligingsmaatregelen en dat zij zich houden aan het beleid voor toegangscontrole. Hiermee wordt niet alleen de fysieke veiligheid gewaarborgd, maar ook de bescherming van gevoelige informatie binnen de organisatie versterkt.

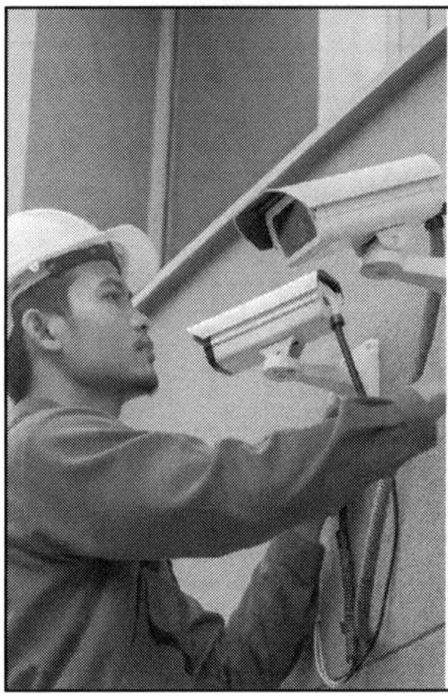

Beveiligen van kantoren, ruimten en faciliteiten

Fysieke Toegangsbeveiliging

Controleer fysieke toegang tot kantoren, ruimten en faciliteiten met toegangscontrolesystemen. Onderhoud en beheer zijn van essentieel belang.

Beveiligingscamera's

Gebruik beveiligingscamera's om de veiligheid te verbeteren. Detecteer onbevoegde toegang tot gevoelige gebieden en monitor activiteiten. Camerabeelden kunnen dienen als bewijsmateriaal bij incidenten.

Aantekeningen:

Beheersmaatregel 7.03 Beveiligen van kantoren, ruimten en faciliteiten
Voor kantoren, ruimten en faciliteiten behoort fysieke beveiliging te worden ontworpen en geïmplementeerd.

Verplichte overheidsspecifieke maatregelen
7.03.01 Als de beheersmaatregel van toepassing is dan moet gebruik gemaakt worden van de bijbehorende implementatieaanwijzing uit de ISO 27002. Afwijken of niet toepassen van bovenliggende beheersmaatregel moet worden onderbouwd met een risicoanalyse en de referentie naar deze analyse moet in een bijlage uitzonderingen opgenomen zijn in de Verklaring van Toepasselijkheid.

Voorbeeld van een beheersmaatregel:
Stel je voor dat een overheidsorganisatie werkt met gevoelige persoonsgegevens. In dit voorbeeld heeft de organisatie besloten om kantoren en vergaderruimtes te beveiligen door middel van zowel fysieke als elektronische maatregelen.

Dit houdt in dat de kantoren zijn uitgerust met beveiligingscamera's die de hele dag door opnames maken, en dat er een toegangssysteem is dat alleen door bevoegd personeel kan worden gebruikt met persoonlijke toegangskaarten.

Daarnaast zijn er maatregelen genomen om de veiligheid van faciliteiten te waarborgen, zoals alarmen voor onbevoegde toegang en beveiligingspersoneel dat patrouilleert op het terrein. Medewerkers zijn geïnstrueerd over de toegangspunten en zijn zich bewust van de regels voor het afsluiten van deuren en ramen.

Deze combinatie van beveiligingslagen helpt om de vertrouwelijkheid van de gegevens die in de kantoren worden verwerkt te waarborgen, terwijl ook de veiligheid van het personeel gewaarborgd wordt.

Programma

- Algemeen
- Module 1: Begrippen en inleiding BIO
- Module 2: Organisatorische maatregelen
- ● Module 3: Fysieke en mensgerichte maatregelen
- Module 4: Technologische maatregelen

Monitoren van de fysieke beveiliging

Een essentiële beheersmaatregel om de veiligheid van een organisatie te waarborgen is het voortdurend monitoren van de fysieke beveiliging. Dit omvat het controleren van de toegang tot het gebouw en het terrein om ongeoorloofde toegang te voorkomen.

Camerabewaking
Gebruik bijvoorbeeld beveiligingscamera's om activiteiten te monitoren en onbevoegde toegang te detecteren. Plaats de camera's strategisch om alle belangrijke zones te dekken.

Menselijke monitoring
Naast camerabewaking is menselijk toezicht essentieel. (Beveiligings)personeel kan afwijkingen of verdachte activiteiten opmerken die camera's missen. Regelmatige controle rondes dragen bij aan de algehele veiligheid.

Integratie van monitoringssystemen
Het is van belang dat de monitoringssystemen van het gebouw en terrein geïntegreerd zijn. Een geïntegreerd systeem maakt het mogelijk om snel te reageren op incidenten en effectiever te monitoren.

Aantekeningen:

Beheersmaatregel 7.04 Monitoren van de fysieke beveiliging
Het gebouw en het terrein behoort voortdurend te worden gemonitord op onbevoegde fysieke toegang.

Verplichte overheidsspecifieke maatregelen
7.04.01 Als de beheersmaatregel van toepassing is dan moet gebruik gemaakt worden van de bijbehorende implementatieaanwijzing uit de ISO 27002. Afwijken of niet toepassen van bovenliggende beheersmaatregel moet worden onderbouwd met een risicoanalyse en de referentie naar deze analyse moet in een bijlage uitzonderingen opgenomen zijn in de Verklaring van Toepasselijkheid.

Voorbeeld van een beheersmaatregel:
Een overheidsorganisatie die gevoelige informatie bewaart, heeft een beveiligingssysteem geïmplementeerd om het terrein en het gebouw te monitoren.

Dit systeem bestaat uit een combinatie van bewakingscamera's, bewegingssensoren en toegangssensoren op alle deuren en ramen. De bewakingscamera's maken dag en nacht opnames, die worden opgeslagen en periodiek worden beoordeeld door het beveiligingspersoneel.

Daarnaast worden beveiligingsrondes door bewakers uitgevoerd op onregelmatige tijdstippen om de fysieke beveiliging te versterken. De gegevens van de sensoren worden automatisch verwerkt door een centraal controlesysteem dat alarmen kan activeren bij detectie van verdachte activiteiten. Toegangspunten zijn voorzien van een elektronische toegangscontrole, waarbij elke toegangspoging wordt geregistreerd en geanalyseerd op afwijkingen.

Deze maatregelen zijn erop gericht om snel op eventuele bedreigingen te kunnen reageren en een hoog beveiligingsniveau te garanderen.

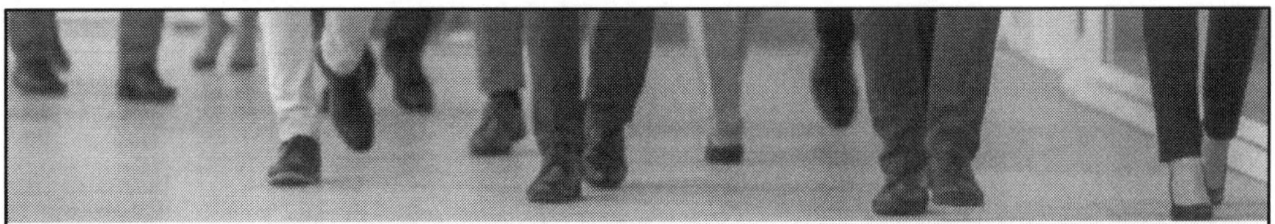

Beschermen tegen fysieke en omgevingsdreigingen

Natuurrampen

Deze beheersmaatregel omvat bescherming tegen natuurrampen zoals overstromingen, aardbevingen en orkanen. Belangrijk is dat de infrastructuur goed wordt ontworpen en gebouwd om deze te weerstaan. Daarnaast moeten er procedures voor rampenbestrijding zijn om de schade te beperken en de continuïteit van de bedrijfsvoering te garanderen.

Opzettelijke fysieke dreigingen

Beveiligingsmaatregelen tegen opzettelijke fysieke dreigingen zoals brand, vandalisme en sabotage zijn cruciaal. Dit omvat het installeren van branddetectiesystemen, camerabewaking en toegangscontrole.

Onopzettelijke fysieke dreigingen

Ook onopzettelijke fysieke dreigingen, zoals ongelukken of storingen, moeten worden meegenomen in de risicoanalyse. Denk aan veiligheidsmaatregelen voor het gebruik van apparatuur, procedures voor het afsluiten van faciliteiten en regelmatig onderhoud om de veiligheid te waarborgen.

Aantekeningen:

Beheersmaatregel 7.05 Beschermen tegen fysieke en omgevingsdreigingen
Er behoort bescherming tegen fysieke en omgevingsdreigingen, zoals natuurrampen en andere opzettelijke of onopzettelijke fysieke dreigingen voor de infrastructuur, te worden ontworpen en geïmplementeerd.

Verplichte overheidsspecifieke maatregelen
7.05.01 Als de beheersmaatregel van toepassing is dan moet gebruik gemaakt worden van de bijbehorende implementatieaanwijzing uit de ISO 27002. Afwijken of niet toepassen van bovenliggende beheersmaatregel moet worden onderbouwd met een risicoanalyse en de referentie naar deze analyse moet in een bijlage uitzonderingen opgenomen zijn in de Verklaring van Toepasselijkheid.

Voorbeeld van een beheersmaatregel:
Een overheidsorganisatie in een gebied dat gevoelig is voor overstromingen heeft waterkerende barrières geïnstalleerd en kritieke IT-infrastructuur op hogere verdiepingen geplaatst.

Branddetectiesystemen met automatische sprinklers zijn aanwezig om brandrisico's te minimaliseren.

Er zijn noodprocedures voor personeel, zoals evacuatieplannen en jaarlijkse oefeningen.

Beveiligingspersoneel houdt toezicht op weersvoorspellingen om snel te kunnen reageren bij dreiging.

De maatregelen en plannen worden regelmatig beoordeeld en getest om effectief te blijven en aan veiligheidsnormen te voldoen.

Programma

- Algemeen
- Module 1: Begrippen en inleiding BIO
- Module 2: Organisatorische maatregelen
- ● Module 3: Fysieke en mensgerichte maatregelen
- Module 4: Technologische maatregelen

Werken in beveiligde zones

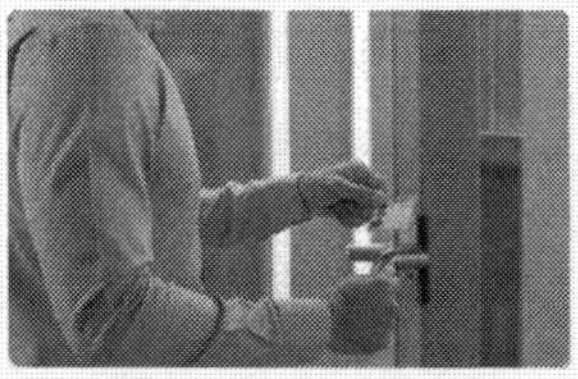

Toegang tot beveiligde zones

Wanneer u een beveiligde zone betreedt, is een toegangscontrole systeem een gangbare maatregel. Dit zorgt ervoor dat geautoriseerde toegang tot zones per identiteit wordt bepaald en geregistreerd.

Beveiligde werkomgeving

Binnen een beveiligde zone dient de vertrouwelijkheid van gegevens te worden geborgd. Vermijd het delen van vertrouwelijke informatie met onbevoegde personen en bewaar alle documenten veilig.

Verantwoordelijkheid

Medewerkers zijn ook verantwoordelijk voor het beschermen van gevoelige gegevens tijdens het werken in beveiligde zones. Voorkom onbevoegde toegang tot vertrouwelijke informatie.

Aantekeningen:

Beheersmaatregel 7.06 Werken in beveiligde zones
Voor het werken in beveiligde zones behoren beveiligingsmaatregelen te worden ontwikkeld en geïmplementeerd.

Verplichte overheidsspecifieke maatregelen
7.06.01 Als de beheersmaatregel van toepassing is dan moet gebruik gemaakt worden van de bijbehorende implementatieaanwijzing uit de ISO 27002. Afwijken of niet toepassen van bovenliggende beheersmaatregel moet worden onderbouwd met een risicoanalyse en de referentie naar deze analyse moet in een bijlage uitzonderingen opgenomen zijn in de Verklaring van Toepasselijkheid.

Voorbeeld van een beheersmaatregel:
In een datacenter van een overheidsorganisatie zijn specifieke beveiligingsmaatregelen geïmplementeerd voor toegang tot beveiligde zones.

Medewerkers die toegang nodig hebben tot deze zones, moeten eerst een uitgebreide veiligheidsbriefing volgen en worden voorzien van toegangsbadges die toegang verlenen op basis van hun autorisatie.

Alleen getrainde medewerkers mogen binnen de beveiligde zones werken, en elke toegangspoging wordt gelogd en bewaakt via een centraal beveiligingssysteem.

Ook zijn er regels voor het meenemen van elektronische apparatuur. Bezoekers moeten altijd worden begeleid door geautoriseerd personeel.

Het doel van deze maatregelen is om gevoelige informatie te beschermen tegen ongeautoriseerde toegang en verlies.

Clear Desk en Clear Screen

Een clear desk- en clear screen-beleid beschermt papieren documenten, verwijderbare media en gevoelige informatie op computerschermen. Deze regels moeten worden gedefinieerd en nageleefd.

Chipcardtokens activeren automatisch de toegangsbeveiligings-vergrendeling na gebruik, wat de veiligheid bevordert en onbevoegde toegang voorkomt.

Aantekeningen:

Beheersmaatregel 7.07 Clear desk en clear screen
Er behoren clear desk-regels voor papieren documenten en verwijderbare opslagmedia en clear screen-regels voor informatieverwerkende faciliteiten te worden gedefinieerd en op passende wijze te worden afgedwongen.

Verplichte overheidsspecifieke maatregelen
7.07.01 Bij het gebruik van een chipcardtoken voor toegang tot systemen wordt bij het verwijderen van het token de toegangsbeveiligingsvergrendeling automatisch geactiveerd.
7.07.02 Als de beheersmaatregel van toepassing is dan moet gebruik gemaakt worden van de bijbehorende implementatieaanwijzing uit de ISO 27002. Afwijken of niet toepassen van bovenliggende beheersmaatregel moet worden onderbouwd met een risicoanalyse en de referentie naar deze analyse moet in een bijlage uitzonderingen opgenomen zijn in de Verklaring van Toepasselijkheid.

Voorbeeld van een beheersmaatregel:
In een kantooromgeving van een overheidsorganisatie zijn duidelijke clear desk- en clear screen-regels opgesteld.

Medewerkers moeten ervoor zorgen dat alle gevoelige documenten, zoals klantgegevens of interne rapporten, aan het einde van de werkdag worden opgeborgen in afsluitbare kasten.

Computerbeeldschermen moeten worden vergrendeld wanneer medewerkers hun werkplek verlaten, zelfs voor korte periodes. Om naleving te vergemakkelijken, worden er regelmatig interne controles uitgevoerd waarbij gekeken wordt of werkplekken voldoen aan deze eisen.

Deze regels helpen bij het voorkomen van datalekken en minimaliseren de kans op onbevoegde toegang tot gevoelige informatie.

Programma

- Algemeen
- Module 1: Begrippen en inleiding BIO
- Module 2: Organisatorische maatregelen
- ● Module 3: Fysieke en mensgerichte maatregelen
- Module 4: Technologische maatregelen

Plaatsen en beschermen van apparatuur

Veilige plaatsing

Apparatuur moet op een veilige locatie worden geplaatst om schade en diefstal van informatie te voorkomen.

Fysieke beveiliging

Fysieke beveiliging beschermt apparatuur tegen fysieke dreigingen, zoals schendingen van vertrouwelijkheid, diefstal en schade.

Logische beveiliging

Logische beveiliging beschermt tegen ongeoorloofde toegang tot de digitale informatie.

Aantekeningen:

Beheersmaatregel 7.08 Plaatsen en beschermen van apparatuur
Apparatuur behoort veilig te worden geplaatst en beschermd.

Verplichte overheidsspecifieke maatregelen
7.08.01 Als de beheersmaatregel van toepassing is dan moet gebruik gemaakt worden van de bijbehorende implementatieaanwijzing uit de ISO 27002. Afwijken of niet toepassen van bovenliggende beheersmaatregel moet worden onderbouwd met een risicoanalyse en de referentie naar deze analyse moet in een bijlage uitzonderingen opgenomen zijn in de Verklaring van Toepasselijkheid.

Voorbeeld van een beheersmaatregel:
In een overheidskantoor worden serverracks geplaatst in speciaal beveiligde ruimten. Deze ruimtes zijn uitgerust met toegangscontrole zoals kaartlezers en bewakingscamera's om te voorkomen dat onbevoegden toegang krijgen.

Omgevingsfactoren worden tevens beheerst door het gebruik van airconditioning en luchtvochtigheidscontrole, zodat apparatuur in optimale omstandigheden blijft werken.

Voorts zijn de kabels netjes weggewerkt en beschermd tegen fysieke schade, en zijn de stopcontacten beveiligd tegen overbelasting.

Al deze maatregelen zijn gericht op het waarborgen van de integriteit, beschikbaarheid en vertrouwelijkheid van de informatie die door deze apparatuur wordt verwerkt.

Het periodiek inspecteren van deze voorzieningen en controles helpt bij het tijdig detecteren van mogelijke risico's, zoals slijtage aan bekabeling of defecten in de airconditioning, zodat passende correctieve maatregelen kunnen worden getroffen.

Programma

Algemeen

Module 1: Begrippen en inleiding BIO

Module 2: Organisatorische maatregelen

● Module 3: Fysieke en mensgerichte maatregelen

Module 4: Technologische maatregelen

Aantekeningen:

Beheersmaatregel 7.09 Beveiligen van bedrijfsmiddelen buiten het terrein
Bedrijfsmiddelen buiten het gebouw en/of terrein behoren te worden beschermd.

Verplichte overheidsspecifieke maatregelen
7.09.01 Als de beheersmaatregel van toepassing is dan moet gebruik gemaakt worden van de bijbehorende implementatieaanwijzing uit de ISO 27002. Afwijken of niet toepassen van bovenliggende beheersmaatregel moet worden onderbouwd met een risicoanalyse en de referentie naar deze analyse moet in een bijlage uitzonderingen opgenomen zijn in de Verklaring van Toepasselijkheid.

Voorbeeld van een beheersmaatregel:
Wanneer werknemers laptops of andere mobiele apparaten gebruiken buiten het kantoor, moeten er maatregelen worden getroffen om deze middelen te beschermen tegen verlies, diefstal, en ongeautoriseerde toegang.

Dit kan betekenen dat de apparaten zijn voorzien van encryptie voor alle opgeslagen data, sterke wachtwoorden vereisen, en uitgerust zijn met trackingsoftware om verlies te minimaliseren. Daarnaast dienen medewerkers getraind te worden in veilige praktijken, zoals nooit een laptop onbeheerd achterlaten en vermijden om gevoelige informatie in openbare netwerken te delen zonder gebruik van een VPN.

Bij verlies of diefstal moet de medewerker dit direct melden volgens de meldingsprocedure, zodat passende maatregelen genomen kunnen worden, zoals het blokkeren van toegang tot bedrijfsinformatie en het traceren van het apparaat.

Periodieke audits helpen bij het evalueren van de effectiviteit van deze maatregelen en maken eventuele verbeteringen inzichtelijk.

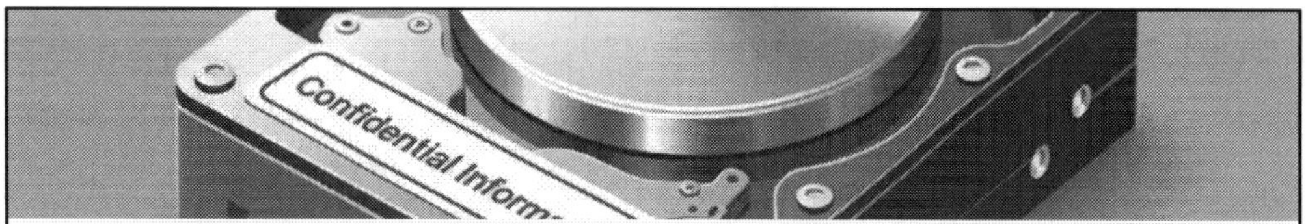

Beveiligen van Opslagmedia

1 Beheer van Opslagmedia

Opslagmedia dienen tijdens hun volledige levenscyclus te worden beheerd. Dit omvat de aanschaf, gebruik, transport en verwijdering. De organisatie moet een duidelijk classificatieschema en hanteringseisen definiëren.

2 Verwijderinstructie

Een duidelijke verwijderinstructie moet worden gedefinieerd voor herbruikbare media die de organisatie verlaten. Deze instructie moet garanderen dat bedrijfsgevoelige inhoud onherstelbaar wordt verwijderd.

3 Data wissen

Het wissen van alle data op het medium moet onherstelbare verwijdering of onbeschikbaar maken van de data omvatten. Controleer of alle data is verwijderd en registreer dit. Gebruik bij voorkeur producten met een positief inzetadvies van de Unit Weerbaarheid van het NBV.

4 Transport

Het transport van geclassificeerde informatie via koeriers of transporteurs moet voldoen aan vooraf vastgestelde betrouwbaarheidseisen.

Aantekeningen:

Beheersmaatregel 7.10 Opslagmedia
Opslagmedia behoren te worden beheerd gedurende hun volledige levenscyclus van aanschaf, gebruik, transport en verwijdering, overeenkomstig het classificatieschema en de hanteringseisen van de organisatie.

Verplichte overheidsspecifieke maatregelen
7.10.01 Er is een verwijderinstructie waarin staat dat bedrijfsgevoelige inhoud van herbruikbare media onherstelbaar moet worden verwijderd voordat deze de organisatie verlaten.

7.10.02 Voor het wissen van data op opslagmedia wordt de inhoud onherstelbaar verwijderd of onbeschikbaar gemaakt. Er wordt gecontroleerd of alle data is verwijderd, en hiervan wordt verslag gemaakt. Producten met een inzetadvies van het NBV worden bij voorkeur gebruikt.

7.10.03 Het transport van geclassificeerde informatie door koeriers of transporteurs voldoet aan vooraf opgestelde betrouwbaarheidseisen.

Voorbeeld van een beheersmaatregel:

Een goed voorbeeld van het beheer van opslagmedia betreft USB-sticks die gevoelige informatie bevatten. Deze moeten niet alleen fysiek worden beveiligd, maar zodra ze buiten de organisatie worden gebracht, moet de informatie onherstelbaar gewist zijn.

Bovendien dienen koeriers die deze media vervoeren te voldoen aan de strenge betrouwbaarheidseisen die zijn opgesteld om ervoor te zorgen dat de veiligheid van de informatie niet in gevaar komt.

Dit helpt om te voorkomen dat gevoelige bedrijfsinformatie bij onbevoegden terechtkomt.

Nutsvoorzieningen

Informatieverwerkende faciliteiten zijn kwetsbaar voor verstoringen door storingen in nutsvoorzieningen. Stroomuitval kan leiden tot dataverlies, systeemuitval en operationele onderbrekingen. Om deze risico's te minimaliseren, is het essentieel om adequate beveiligingsmaatregelen te implementeren.

Bescherming tegen netwerkuitval

Het is cruciaal om de beschikbaarheid en integriteit van bedrijfsnetwerken en -systemen te waarborgen. Netwerkuitval kan leiden tot ernstige verstoring van bedrijfsprocessen en kan aanzienlijke financiële en reputatieschade veroorzaken.

Bescherming tegen stroomuitval

Een betrouwbare stroomvoorziening is cruciaal voor de continuïteit van bedrijfsactiviteiten. Dit omvat redundante stroombronnen, zoals UPS-systemen en noodgeneratoren, om de kritische systemen te voeden tijdens stroomuitval.

Stabiliteit van andere nutsvoorzieningen

Naast stroomvoorziening dienen ook andere nutsvoorzieningen, zoals water, gas en koeling, te worden beschermd. Regelmatige inspecties en onderhoud zijn essentieel om de stabiliteit en betrouwbaarheid van deze diensten te garanderen.

Monitoring en alarmering

Het is belangrijk om de status van de nutsvoorzieningen voortdurend te monitoren. Een systeem voor alarmering moet worden geïmplementeerd om onregelmatigheden of storingen te detecteren en om direct in te kunnen grijpen.

Aantekeningen:

Beheersmaatregel 7.11 Nutsvoorzieningen
Informatieverwerkende faciliteiten behoren te worden beschermd tegen stroomuitval en andere verstoringen die worden veroorzaakt door storingen in nutsvoorzieningen.

Verplichte overheidsspecifieke maatregelen
7.11.01 Als de beheersmaatregel van toepassing is dan moet gebruik gemaakt worden van de bijbehorende implementatieaanwijzing uit de ISO 27002. Afwijken of niet toepassen van bovenliggende beheersmaatregel moet worden onderbouwd met een risicoanalyse en de referentie naar deze analyse moet in een bijlage uitzonderingen opgenomen zijn in de Verklaring van Toepasselijkheid.

Voorbeeld van een beheersmaatregel:
Om de continuïteit van de bedrijfsprocessen te waarborgen, maakt de organisatie gebruik van een noodstroomvoorziening (UPS) die automatisch wordt geactiveerd bij stroomuitval.

Daarnaast zijn er noodgeneratoren aanwezig die ervoor zorgen dat kritieke informatiesystemen blijven functioneren zonder onderbreking.

Er wordt regelmatig onderhoud gepleegd aan deze systemen om hun betrouwbaarheid te garanderen.

Het personeel is getraind in het herkennen en rapporteren van storingen in de nutsvoorzieningen, zodat snelle actie kan worden ondernomen om de impact op de bedrijfsvoering tot een minimum te beperken.

Deze maatregelen helpen de organisatie om de beschikbaarheid van cruciale systemen te waarborgen, zelfs tijdens onvoorziene stroomstoringen.

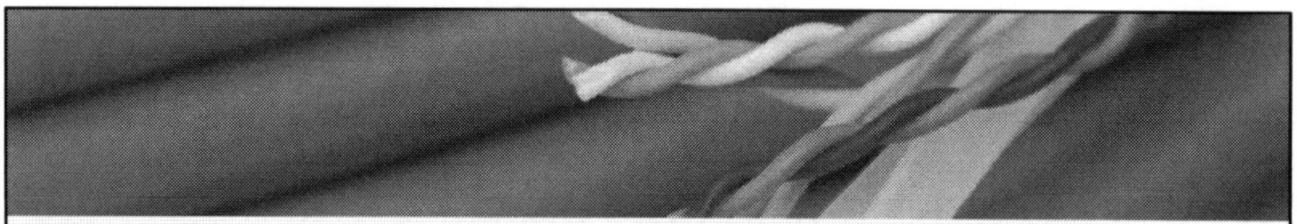

Beveiligen van bekabeling

Voedingskabels en datakabels die informatie-diensten ondersteunen moeten worden beschermd tegen onderschepping, interferentie of beschadiging. Dit is van cruciaal belang voor de continuïteit en integriteit van de informatiestromen binnen de organisatie.

Beschadigde of onveilige bekabeling kan leiden tot dataverlies, systeemuitval of ongewenste toegang tot gevoelige data. Daarom is het noodzakelijk om te zorgen voor een veilige infrastructuur voor alle kabels en bekabeling.

1. **Fysieke beveiliging**
   Kabels moeten worden beschermd tegen ongeoorloofde toegang, manipulatie en sabotage. Dit kan worden bereikt door het gebruik van beveiligde kabelsleuven, kabelgoten of andere fysieke beveiligingsmaatregelen.
2. **Verkeersbeveiliging**
   Het is belangrijk om te zorgen dat alleen geautoriseerd verkeer via de kabels kan worden verzonden en ontvangen. Dit kan worden bereikt door het gebruik van firewalls, intrusion detection systems en andere beveiligingsmaatregelen.
3. **Beveiligingsschema**
   Een duidelijk beveiligingsschema voor bekabeling is noodzakelijk. Dit schema moet alle kabels en hun functie beschrijven, inclusief hun locatie, type en beveiligingsniveau.

Aantekeningen:

Beheersmaatregel 7.12 Beveiligen van bekabeling
Voedingskabels en kabels voor het versturen van gegevens of die informatiediensten ondersteunen, behoren te worden beschermd tegen onderschepping, interferentie of beschadiging.

Verplichte overheidsspecifieke maatregelen
7.12.01 Als de beheersmaatregel van toepassing is dan moet gebruik gemaakt worden van de bijbehorende implementatieaanwijzing uit de ISO 27002. Afwijken of niet toepassen van de bovenliggende beheersmaatregel moet worden onderbouwd met een risicoanalyse en de referentie naar deze analyse moet in een bijlage uitzonderingen opgenomen zijn in de Verklaring van Toepasselijkheid.

Voorbeeld van een beheersmaatregel:
Om te voorkomen dat kabels voor gegevensoverdracht onderschept of beschadigd worden, heeft de organisatie besloten om kritieke netwerkbekabeling te laten lopen via speciale kabelgoten die fysiek afgesloten zijn en voorzien zijn van sloten.

Hierdoor is ongeautoriseerde toegang tot de bekabeling geminimaliseerd. Daarnaast worden optische vezelkabels gebruikt voor bepaalde trajecten om het risico op afluisteren te verkleinen.

Het personeel is geïnstrueerd om verdachte activiteiten rondom kabelgoten of bekabeling onmiddellijk te melden bij de verantwoordelijke beveiligingsafdeling.

Regelmatige inspecties worden uitgevoerd om de staat van de bekabeling te controleren en ervoor te zorgen dat er geen beschadigingen of tekenen van manipulatie zijn.

Aantekeningen:

Beheersmaatregel 7.13 Onderhoud van apparatuur
Apparatuur behoort op de juiste wijze te worden onderhouden om de beschikbaarheid, integriteit en betrouwbaarheid van informatie te garanderen.

Verplichte overheidsspecifieke maatregelen
7.13.01 Als de beheersmaatregel van toepassing is dan moet gebruik gemaakt worden van de bijbehorende implementatieaanwijzing uit de ISO 27002. Afwijken of niet toepassen van bovenliggende beheersmaatregel moet worden onderbouwd met een risicoanalyse en de referentie naar deze analyse moet in een bijlage uitzonderingen opgenomen zijn in de Verklaring van Toepasselijkheid.

Voorbeeld van een beheersmaatregel:
Om ervoor te zorgen dat cruciale systemen niet onverwacht falen, dient apparatuur, zoals servers en netwerkapparaten, regelmatig onderhouden te worden.

Denk aan het vervangen van onderdelen zoals harde schijven of ventilatoren op basis van fabrieksadvies.

Documentatie van dit onderhoud, inclusief tijdstip en type onderhoud, helpt om te waarborgen dat er geen onderbrekingen zijn in de dienstverlening en dat potentiële storingen vroegtijdig worden opgespoord en verholpen.

Veilig Verwijderen of Hergebruiken van Apparatuur

Doel van de Maatregel

- Deze beheersmaatregel richt zich op de bescherming van gevoelige gegevens en gelicentieerde software die op opslagmedia van apparatuur is opgeslagen.
- Voordat apparatuur wordt verwijderd of hergebruikt, moeten alle gevoelige gegevens worden verwijderd of veilig worden overschreven.

Implementatie

- De implementatie van deze beheersmaatregel omvat het gebruik van procedures voor het veilig verwijderen of overschrijven van gegevens op opslagmedia.
- Dit kan worden gedaan door gebruik te maken van geavanceerde tools voor gegevensvernietiging, zoals overschrijvingssoftware of fysieke vernietiging van media.
- De organisatie moet documentatie bijhouden van de uitgevoerde procedures voor het verwijderen van gegevens.

Aantekeningen:

Beheersmaatregel 7.14 Veilig verwijderen of hergebruiken van apparatuur
Onderdelen van de apparatuur die opslagmedia bevatten, behoren te worden gecontroleerd om te waarborgen dat gevoelige gegevens en gelicentieerde software zijn verwijderd of veilig zijn overschreven voordat ze worden verwijderd of hergebruikt.

Verplichte overheidsspecifieke maatregelen
7.14.01 Als de beheersmaatregel van toepassing is dan moet gebruik gemaakt worden van de bijbehorende implementatieaanwijzing uit de ISO 27002. Afwijken of niet toepassen van bovenliggende beheersmaatregel moet worden onderbouwd met een risicoanalyse en de referentie naar deze analyse moet in een bijlage uitzonderingen opgenomen zijn in de Verklaring van Toepasselijkheid.

Voorbeeld van een beheersmaatregel:

Wanneer een harde schijf van een server of laptop wordt vervangen, moet deze volledig gewist worden door middel van een door de organisatie goedgekeurde methode, zoals meervoudige overschrijving van gegevens.

Het doel hiervan is om ervoor te zorgen dat bedrijfsgevoelige informatie niet per ongeluk in verkeerde handen valt, bijvoorbeeld als de apparatuur wordt gerecycled of verkocht.

Daarnaast dient het wissen gedocumenteerd te worden, inclusief wie de taak heeft uitgevoerd en wanneer dit is gebeurd.

Door deze stappen te nemen, voorkomt de organisatie dat vertrouwelijke gegevens onbedoeld worden gelekt.

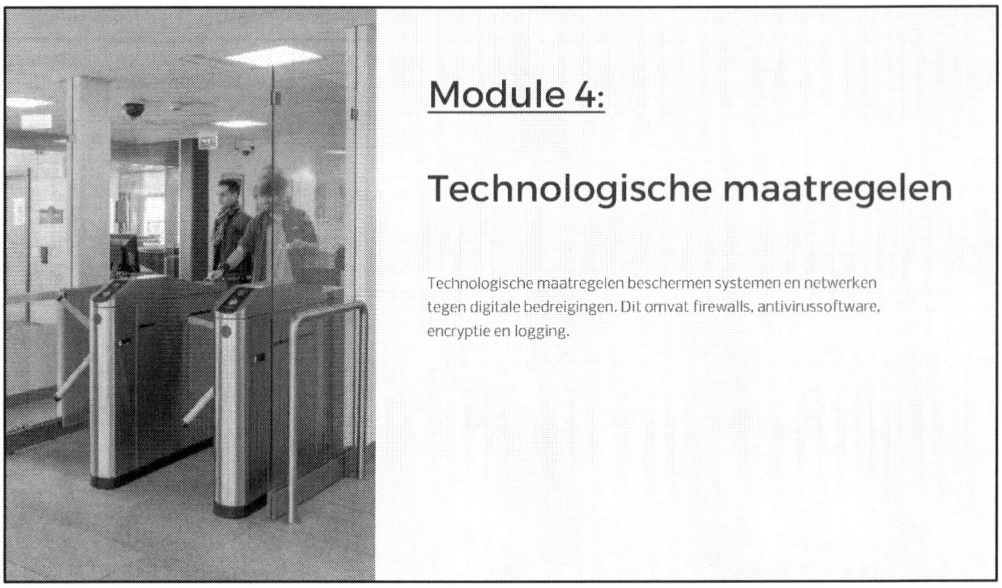

Aantekeningen:

Technologie speelt een cruciale rol in het detecteren en mitigeren van digitale dreigingen. Door gebruik te maken van geavanceerde tools zoals intrusion detection systems (IDS) en endpoint security, kunnen organisaties real-time bedreigingen identificeren en aanpakken. Ook het regelmatig patchen van software en het gebruik van multi-factor authenticatie versterkt de digitale weerbaarheid.

Programma

- Algemeen
- Module 1: Begrippen en inleiding BIO
- Module 2: Organisatorische maatregelen
- Module 3: Fysieke en mensgerichte maatregelen
- ● Module 4: Technologische maatregelen

User Endpoint Devices

Deze beheersmaatregel richt zich op de bescherming van informatie die is opgeslagen, verwerkt of toegankelijk is via user endpoint devices, zoals laptops, tablets en smartphones.

Deze maatregel benadrukt de noodzaak om bedrijfsinformatie te beveiligen op deze apparaten en om te zorgen dat de toegang tot deze informatie goed wordt gecontroleerd. Enkele verplichte maatregelen:

- Zero footprint
- Encryptie / remote wipe
- Bewustwording / gebruikersovereenkomst
- MDM / MAM
- Applicaties uit landen met een verhoogd cyberdreigingsprofiel

Aantekeningen:

Beheersmaatregel 8.01 - User endpoint devices
Informatie die is opgeslagen op, wordt verwerkt door of toegankelijk is via user endpoint devices behoort te worden beschermd.

Verplichte maatregelen:
8.01.01: Mobiele apparatuur is zo ingericht dat bedrijfsinformatie niet standaard op het gebruikersdevice wordt opgeslagen ("zero footprint"). Als (near) zero footprint (nog) niet realiseerbaar is, moet een mobiel apparaat (zoals een laptop, tablet of smartphone) de mogelijkheid bieden om toegang te beveiligen door middel van minimaal versleuteling van de gegevens. Wissen op afstand moet mogelijk zijn.

8.01.02: Bij de inzet van mobiele apparatuur dienen minimaal de volgende aspecten te zijn geïmplementeerd:
• In bewustwordingsprogramma's komen gedragsaspecten van veilig mobiel werken aan de orde.
• Het apparaat maakt deel uit van patchmanagement en hardening.
• Gebruik van Mobile Device Management (MDM) of Mobile Application Management (MAM)-oplossingen.
• Gebruikers tekenen een gebruikersovereenkomst voor mobiel werken, waarin zij verklaren zich bewust te zijn van de risico's van mobiel werken en dit veilig zullen doen. Deze overeenkomst geldt voor alle mobiele apparatuur die de medewerker zakelijk gebruikt. Periodiek wordt getoetst of de voorwaarden in lid 1, 2 en 3 worden nageleefd.

8.01.03: Applicaties/apps uit landen met een offensief cyberprogramma worden beoordeeld op risico's voor de bedrijfsvoering. Indien risico's aanwezig zijn, worden deze apps op een blacklist gezet. Deze blacklist dient automatisch te worden afgedwongen.

Programma

- Algemeen
- Module 1: Begrippen en inleiding BIO
- Module 2: Organisatorische maatregelen
- Module 3: Fysieke en mensgerichte maatregelen
- ● Module 4: Technologische maatregelen

Speciale toegangsrechten

Het toewijzen en het gebruik van speciale toegangsrechten dient te worden beperkt en beheerd. Speciale toegangsrechten geven gebruikers meer bevoegdheden dan gebruikelijk. Dit kan leiden tot een hoger risico op dataverlies of misbruik. Daarom is het essentieel om deze rechten nauwlettend te controleren en te beperken tot wat noodzakelijk is.

1 Toewijzing
Het verlenen van speciale toegangsrechten dient te gebeuren op basis van een gedefinieerde behoefte en gebaseerd op het principe van 'need-to-know'. Dit betekent dat gebruikers alleen toegang krijgen tot de informatie en de systemen die ze nodig hebben om hun taken uit te voeren.

2 Beheer
De uitgegeven of gebruikte speciale bevoegdheden dienen regelmatig te worden beoordeeld. Dit kan periodiek, bijvoorbeeld per kwartaal, of op verzoek, na een wijziging in de rol of verantwoordelijkheden van een gebruiker.

3 Herziening
Een regelmatige herziening van de speciale toegangsrechten zorgt ervoor dat de rechten nog steeds relevant en noodzakelijk zijn en dat er geen onnodige risico's worden genomen.

Aantekeningen:

Beheersmaatregel 8.02 Speciale toegangsrechten
Het toewijzen en het gebruik van speciale toegangsrechten behoren te worden beperkt en beheerd.

Verplichte overheidsspecifieke maatregelen
8.02.01 De uitgegeven of gebruikte speciale bevoegdheden worden in opzet, bestaan en werking minimaal ieder kwartaal beoordeeld.

Voorbeeld van een beheersmaatregel:
Specifieke toegangsrechten, zoals beheerdersaccounts met uitgebreide systeembevoegdheden, worden alleen toegekend aan medewerkers die deze rechten echt nodig hebben voor hun werkzaamheden.

Toegang wordt tijdelijk toegekend en er wordt nauwkeurig geregistreerd wie toegang heeft en waarvoor deze is verleend.

Elk kwartaal vindt een evaluatie plaats om te verifiëren of de toegewezen toegangsrechten nog noodzakelijk zijn en of deze correct worden gebruikt.
Onnodige rechten worden direct ingetrokken.

Deze aanpak helpt om de risico's van ongeautoriseerde toegang of misbruik van kritieke systemen te minimaliseren.

Programma

- Algemeen
- Module 1: Begrippen en inleiding BIO
- Module 2: Organisatorische maatregelen
- Module 3: Fysieke en mensgerichte maatregelen
- ● Module 4: Technologische maatregelen

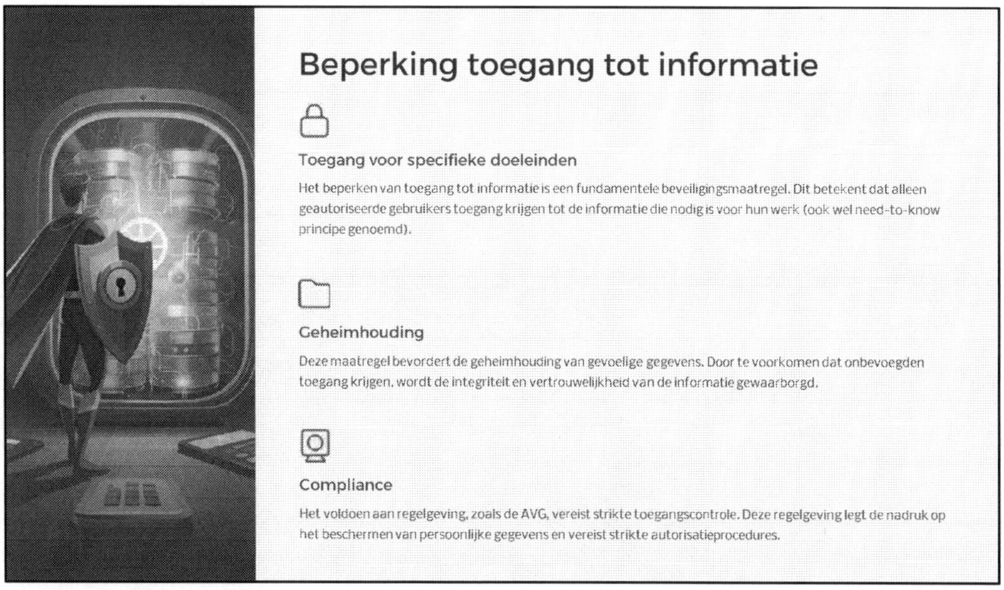

Aantekeningen:

Beheersmaatregel 8.03 Beperking toegang tot informatie
De toegang tot informatie en andere gerelateerde bedrijfsmiddelen behoort te worden beperkt overeenkomstig het vastgestelde onderwerpspecifieke beleid inzake toegangsbeveiliging.

Verplichte overheidsspecifieke maatregelen
8.03.01 Er zijn maatregelen genomen die het fysiek en/of logisch isoleren van informatie met specifiek belang waarborgen.
8.03.02 Gebruikers kunnen alleen die informatie met specifiek belang inzien en verwerken die ze nodig hebben voor de uitoefening van hun taak.

Voorbeeld van een beheersmaatregel:
Een voorbeeld van hoe deze beheersmaatregel kan worden toegepast is het gebruik van rollen en verantwoordelijkheden binnen een systeem. Elke gebruiker krijgt een specifiek profiel dat is afgestemd op de informatie die nodig is voor zijn of haar functie.

Zo hebben personeelsmedewerkers toegang tot persoonlijke gegevens, terwijl IT-medewerkers enkel toegang hebben tot technische systemen.

Het fysieke isoleren van vertrouwelijke documenten, bijvoorbeeld door deze in een aparte beveiligde ruimte op te slaan, zorgt ervoor dat alleen geautoriseerde medewerkers toegang hebben tot gevoelige informatie.

Toegangsrechten worden regelmatig beoordeeld en bijgewerkt om te zorgen dat alleen actieve medewerkers met relevante verantwoordelijkheden toegang hebben, wat tevens bijdraagt aan de bescherming van bedrijfskritische informatie.

Programma

- Algemeen
- Module 1: Begrippen en inleiding BIO
- Module 2: Organisatorische maatregelen
- Module 3: Fysieke en mensgerichte maatregelen
- ● Module 4: Technologische maatregelen

Toegangsbeveiliging op broncode

Deze beheersmaatregel richt zich op het beheren van de toegang tot broncode, ontwikkelinstrumenten en softwarebibliotheken. Het doel is om te zorgen voor een veilige en gecontroleerde toegang tot deze gevoelige informatie. Door passende toegangscontrolemaatregelen te implementeren, kan de integriteit en vertrouwelijkheid van de broncode worden beschermd.

Toegangscontrole

Het is noodzakelijk om toegang tot de broncode te beperken tot geautoriseerde personen. Dit kan worden bereikt door gebruik te maken van toegangsbeperkingen op basis van rollen en verantwoordelijkheden. De toegang tot broncode moet ook worden geregistreerd en gecontroleerd om de verantwoordelijkheid en eventuele misbruik te kunnen vaststellen.

Beveiliging van Ontwikkelomgevingen

De ontwikkelomgevingen moeten ook adequaat worden beveiligd tegen onbevoegde toegang. Dit omvat het gebruik van sterke wachtwoorden, tweefactorauthenticatie en het regelmatig updaten van beveiligingssoftware.

Beveiliging van Softwarebibliotheken

Softwarebibliotheken, die vaak kritieke componenten bevatten, moeten ook worden beveiligd. Dit kan door gebruik te maken van toegangscontrolemechanismen en het regelmatig scannen van de bibliotheken op kwetsbaarheden.

Aantekeningen:

Beheersmaatregel 8.04 Toegangsbeveiliging op broncode
Lees- en schrijftoegang tot broncode, ontwikkelinstrumenten en softwarebibliotheken behoren op passende wijze te worden beheerd.

Verplichte overheidsspecifieke maatregelen
8.04.01 Als de beheersmaatregel van toepassing is dan moet gebruik gemaakt worden van de bijbehorende implementatieaanwijzing uit de ISO 27002. Afwijken of niet toepassen van de bovenliggende beheersmaatregel moet worden onderbouwd met een risicoanalyse en de referentie naar deze analyse moet in een bijlage uitzonderingen opgenomen zijn in de Verklaring van Toepasselijkheid.

Voorbeeld van een beheersmaatregel:
Toegang tot broncode kan bijvoorbeeld worden beperkt door gebruik te maken van versiebeheersystemen zoals Git, waarbij lees- en schrijfrechten uitsluitend aan specifieke ontwikkelaars worden toegekend.

Hierdoor kunnen alleen geautoriseerde teamleden wijzigingen aanbrengen in de broncode.

Verder kunnen rollen en rechten worden toegewezen op basis van ieders functie en verantwoordelijkheid in het ontwikkelproces.

Het regelmatig auditen van toegang tot deze bronnen en het gebruik van multi-factor authenticatie voor toegang tot ontwikkelomgevingen zijn aanvullende maatregelen om de beveiliging te versterken.

Programma

- Algemeen
- Module 1: Begrippen en inleiding BIO
- Module 2: Organisatorische maatregelen
- Module 3: Fysieke en mensgerichte maatregelen
- ● Module 4: Technologische maatregelen

Beveiligde authenticatie

Wachtwoordauthenticatie

Dit betreft een basisvorm van toegangscontrole, maar moet streng worden beheerd. Dat omvat het afdwingen van sterke wachtwoorden, regelmatig vernieuwen, en het beschermen van wachtwoorden tegen ongeoorloofde toegang via versleuteling of hashing.

Multi-factor authenticatie (MFA)

Organisaties moeten MFA toepassen om toegang tot kritieke systemen en informatie te beveiligen. Dit verhoogt de beveiliging door het voor kwaadwillenden moeilijker te maken onbevoegde toegang te verkrijgen.

Aantekeningen:

Beheersmaatregel 8.05 Beveiligde authenticatie
Er behoren beveiligde authenticatietechnologieën en -procedures te worden geïmplementeerd op basis van beperkingen van de toegang tot informatie en het onderwerpspecifieke beleid inzake toegangsbeveiliging.

Verplichte overheidsspecifieke maatregelen
8.05.01 Voor het verlenen van toegang tot het netwerk aan externe leveranciers wordt vooraf een risicoafweging gemaakt. De risicoafweging bepaalt onder welke voorwaarden en voor hoelang de leveranciers toegang krijgen. Uit een registratie blijkt hoe de rechten zijn toegekend.

Voorbeeld van een beheersmaatregel:
Voor beveiligde authenticatie kan gebruik worden gemaakt van multi-factor authenticatie (MFA), waarbij medewerkers naast een wachtwoord een tweede verificatiemiddel nodig hebben, zoals een token of biometrische identificatie.

Dit zorgt ervoor dat ongeautoriseerde personen, zelfs als zij toegang hebben tot een wachtwoord, alsnog worden tegengehouden bij een poging toegang te verkrijgen.

Voor externe leveranciers kunnen tijdelijke accounts worden aangemaakt die alleen toegang bieden voor de duur van hun werkzaamheden, terwijl alle activiteiten worden gelogd voor auditdoeleinden.

Programma

- Algemeen
- Module 1: Begrippen en inleiding BIO
- Module 2: Organisatorische maatregelen
- Module 3: Fysieke en mensgerichte maatregelen
- ● Module 4: Technologische maatregelen

Capaciteitsbeheer

Monitoren van Middelen

Deze beheersmaatregel benadrukt het belang van monitoring van het gebruik van middelen, zoals servers, opslagruimte en netwerkverbindingen. Dit is van essentieel belang om te kunnen anticiperen op potentiële capaciteitsproblemen.

Aanpassen van Capaciteit

Naast monitoring is het ook cruciaal om de capaciteit te kunnen aanpassen aan de huidige en verwachte eisen. Dit kan betekenen dat er meer opslagruimte toegevoegd moet worden, meer servers geïnstalleerd moeten worden of dat de netwerkverbindingen moeten worden opgewaardeerd.

Beheren van Capaciteit

Het effectief beheren van de capaciteit zorgt ervoor dat de systemen optimaal presteren en dat er geen bottlenecks ontstaan. Dit is van essentieel belang voor de continuïteit en stabiliteit van de systemen en voor de tevredenheid van de gebruikers.

Aantekeningen:

Beheersmaatregel 8.06 Capaciteitsbeheer
Het gebruik van middelen behoort te worden gemonitord en aangepast overeenkomstig de huidige en verwachte capaciteitseisen.

Verplichte overheidsspecifieke maatregelen
8.06.01 Als de beheersmaatregel van toepassing is dan moet gebruik gemaakt worden van de bijbehorende implementatieaanwijzing uit de ISO 27002. Afwijken of niet toepassen van bovenliggende beheersmaatregel moet worden onderbouwd met een risicoanalyse en de referentie naar deze analyse moet in een bijlage uitzonderingen opgenomen zijn in de Verklaring van Toepasselijkheid.

Voorbeeld van een beheersmaatregel:
Voor effectief capaciteitsbeheer worden serverbronnen continu gemonitord, waarbij gebruik wordt gemaakt van speciale tools om de CPU, geheugen, netwerkbandbreedte en opslaggebruik in de gaten te houden.

Op basis van deze gegevens worden toekomstige capaciteitsbehoeften voorspeld om tijdig aanpassingen te kunnen doen.

Bijvoorbeeld, wanneer een bedrijf verwacht dat de vraag naar een bepaalde dienst zal toenemen, kan het vooraf extra servers of cloudresources inrichten om ervoor te zorgen dat er geen onderbreking in de dienstverlening plaatsvindt.

Programma

- Algemeen
- Module 1: Begrippen en inleiding BIO
- Module 2: Organisatorische maatregelen
- Module 3: Fysieke en mensgerichte maatregelen
- ● Module 4: Technologische maatregelen

Bescherming tegen malware

Malwarebescherming

Malwarebescherming is een essentiële beveiligingsmaatregel voor overheidsorganisaties. Dit omvat de implementatie en ondersteuning van antimalwaresoftware die alle downloads beoordeelt, evenals het bevorderen van bewustzijn onder gebruikers over de risico's van onveilig surfgedrag.

Beheersmaatregelen

Beheersmaatregelen zoals het beperken van downloads, het scannen van alle downloads met antimalwaresoftware en het regelmatig bijwerken van de software, zijn cruciaal voor het beschermen van organisaties tegen malwareaanvallen.

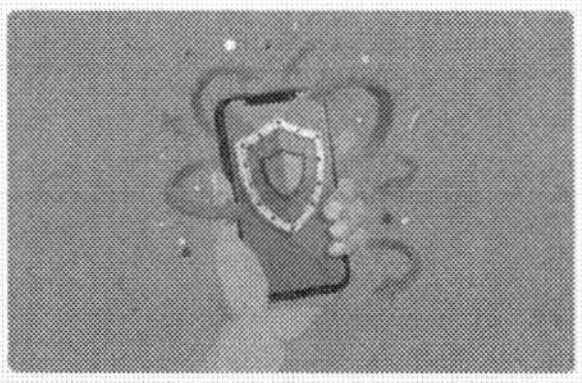

Bewustwording van gebruikers

Het is van belang dat gebruikers goed geïnformeerd zijn over de risico's van malware. Dit omvat het bevorderen van bewustzijn over phishing-aanvallen, het downloaden van bestanden van onbekende bronnen en het klikken op verdachte links.

Aantekeningen:

Beheersmaatregel 8.07 Bescherming tegen malware
Bescherming tegen malware behoort te worden geïmplementeerd en ondersteund door een passend gebruikersbewustzijn.

Verplichte overheidsspecifieke maatregelen
8.07.01 Het downloaden van bestanden is beheerst en beperkt op basis van risico en need-of-use, en de antimalware software moet altijd alle downloads beoordelen.
8.07.02 Gebruikers zijn voorgelicht over de risico's ten aanzien van surfgedrag en het klikken op onbekende links.
8.07.03 De gebruikte antimalwaresoftware en bijbehorende herstelsoftware is actueel en wordt ondersteund door periodieke updates.
8.07.04 De malwarescan wordt uitgevoerd op:
• alle omgevingen, bijvoorbeeld op (mail)servers, (desktop)computers en bij de toegangsverlening tot het netwerk van de organisatie;
• alle gedownloade content voorafgaand aan executie of opslag;
• alle bestanden die via netwerken of via elke vorm van opslagmedium zijn ontvangen, vóór gebruik of opslag in de eigen omgeving.

Voorbeeld van een beheersmaatregel:
Een organisatie kan bijvoorbeeld antimalwarebeleid implementeren dat vereist dat alle medewerkers alleen software mogen downloaden en installeren na goedkeuring van de IT-afdeling.

Ook worden trainingen georganiseerd voor personeel om hen te informeren over cyberdreigingen zoals phishing en social engineering.

Een automatisch antimalwaresysteem voert scans uit van alle binnenkomende e-mails en downloads om de verspreiding van virussen en ransomware te voorkomen.

Programma

Algemeen

Module 1: Begrippen en inleiding BIO

Module 2: Organisatorische maatregelen

Module 3: Fysieke en mensgerichte maatregelen

● Module 4: Technologische maatregelen

Beheer van technische kwetsbaarheden

1 Informatie verzamelen

Het is noodzakelijk om voortdurend informatie te verzamelen over technische kwetsbaarheden van informatiesystemen. Deze informatie kan afkomstig zijn van leveranciers, beveiligingsonderzoekers of openbare databases.

2 Beoordeling van de blootstelling

Op basis van de verzamelde informatie moet de organisatie de blootstelling aan de kwetsbaarheden beoordelen. Dit omvat het identificeren van kwetsbare systemen en het bepalen van de waarschijnlijkheid en impact van een aanval.

3 Mitigerende maatregelen

Na beoordeling van de blootstelling, moet de organisatie passende maatregelen treffen. Dit kunnen patches, configuratiewijzigingen of andere beveiligingsmaatregelen zijn.

4 Regelmatige controles

Om de effectiviteit van de beheersmaatregelen te waarborgen, dienen informatiesystemen regelmatig gecontroleerd te worden op technische naleving van beveiligingsnormen. Dit kan worden gedaan door middel van kwetsbaarheidsanalyses, penetratietesten of red-teamingstesten.

Aantekeningen:

Vanwege tekstlengte geredigeerd. Voor de volledige tekst: zie BIO.

Beheersmaatregel 8.08 - Beheer van technische kwetsbaarheden
Er behoort informatie te worden verkregen over technische kwetsbaarheden van in gebruik zijnde informatiesystemen. De blootstelling van de organisatie aan dergelijke kwetsbaarheden behoort te worden geëvalueerd en passende maatregelen moeten worden getroffen.

Verplichte maatregelen:
8.08.01: Als de kans op misbruik en de verwachte schade beide hoog zijn (bijvoorbeeld met de NCSC-Inschalingsmatrix beveiligingsadviezen of leveranciersbeveiligingsadviezen), worden passende mitigerende maatregelen zo snel mogelijk, maar uiterlijk binnen een week, getroffen.
8.08.02: Op basis van een expliciete risicoafweging wordt bepaald op welke wijze mitigerende maatregelen getroffen worden.
8.08.03: Als installatie binnen een week niet mogelijk is, worden op basis van een expliciete risicoafweging tijdelijke mitigerende maatregelen getroffen.
8.08.04: Informatiesystemen worden bij voorkeur jaarlijks gecontroleerd op naleving van beveiligingsnormen en risico's. Dit kan door middel van kwetsbaarheidsanalyses, penetratietesten of red-teamingstesten. Internetfacing-systemen worden bij voorkeur continu getest op zwakheden.
8.08.05: Internetfacing-systemen krijgen een verplichte (bij voorkeur geautomatiseerde) penetratietest bij iedere nieuwe release of major update. Als bevindingen met hoog risico niet gemitigeerd kunnen worden, mag het systeem niet in productie. Alle internetfacing-systemen worden jaarlijks getest.
8.08.06: Een Coordinated Vulnerability Disclosure (CVD)-procedure is gepubliceerd en ingericht conform de NCSC-leidraad of ISO/IEC 29147:2018. Informatie uit CVD-meldingen is onderdeel van de incidentrapportage.

Programma

- Algemeen
- Module 1: Begrippen en inleiding BIO
- Module 2: Organisatorische maatregelen
- Module 3: Fysieke en mensgerichte maatregelen
- ● Module 4: Technologische maatregelen

Configuratiebeheer

Configuratiebeheer omvat het vaststellen, documenteren, implementeren, monitoren en beoordelen van configuraties voor hardware, software, diensten en netwerken, inclusief beveiligingsconfiguraties.

Deze maatregel is essentieel voor het beheren van de complexiteit van moderne IT-systemen en het waarborgen van de beveiliging en stabiliteit van de infrastructuur. Het verlies van configuraties kan ernstige gevolgen hebben zoals:

- **Langere uitvaltijd:** Tijdrovend en foutgevoelig herstel van systemen.
- **Verhoogd beveiligingsrisico:** Kans op fouten in herconfiguratie, waardoor beveiligingslekken ontstaan.
- **Reputatieschade:** Verminderde klant- en partnervertrouwen door incidenten.
- **Operationele verstoringen:** Verlies van efficiëntie en vertraging in bedrijfsprocessen.

Aantekeningen:

Beheersmaatregel 8.09 Configuratiebeheer
Configuraties, met inbegrip van beveiligingsconfiguraties, van hardware, software, diensten en netwerken behoren te worden vastgesteld, gedocumenteerd, geïmplementeerd, gemonitord en beoordeeld.

Verplichte overheidsspecifieke maatregelen
8.09.01 Als de beheersmaatregel van toepassing is dan moet gebruik gemaakt worden van de bijbehorende implementatieaanwijzing uit de ISO 27002. Afwijken of niet toepassen van de bovenliggende beheersmaatregel moet worden onderbouwd met een risicoanalyse en de referentie naar deze analyse moet in een bijlage uitzonderingen opgenomen zijn in de Verklaring van Toepasselijkheid.

Voorbeeld van een beheersmaatregel:
Een organisatie kan bijvoorbeeld een configuratiebeheerbeleid hanteren waarbij alle wijzigingen aan netwerkconfiguraties eerst worden gedocumenteerd en goedgekeurd door een change management team.

Dit team beoordeelt mogelijke gevolgen van wijzigingen en zorgt ervoor dat configuraties worden bijgewerkt in een centraal register.

Daarnaast worden periodieke audits uitgevoerd om ervoor te zorgen dat de daadwerkelijke configuratie van systemen overeenkomt met de gedocumenteerde configuratie, zodat beveiligingsrisico's tijdig geïdentificeerd en aangepakt kunnen worden.

Programma

- Algemeen
- Module 1: Begrippen en inleiding BIO
- Module 2: Organisatorische maatregelen
- Module 3: Fysieke en mensgerichte maatregelen
- ● Module 4: Technologische maatregelen

Wissen van informatie

Deze beheersmaatregel behandelt het wissen van informatie die niet langer nodig is in informatiesystemen, apparaten of andere opslagmedia. Het is essentieel om ervoor te zorgen dat gevoelige informatie veilig wordt gewist om te voldoen aan privacywetgeving en te voorkomen dat onbevoegden toegang krijgen tot deze data.

Doel

Het voorkomen van onnodige opslag van informatie die niet langer relevant is voor de organisatie.

Voordelen

- Verhoogde privacybescherming
- Verminderd risico op datalekken
- Verbeterde efficiëntie van gegevensopslag

Aantekeningen:

Beheersmaatregel 8.10 Wissen van informatie
In informatiesystemen, apparaten of andere opslagmedia opgeslagen informatie behoort te worden gewist als deze niet langer vereist is.

Verplichte overheidsspecifieke maatregelen
8.10.01 Als de beheersmaatregel van toepassing is dan moet gebruik gemaakt worden van de bijbehorende implementatieaanwijzing uit de ISO 27002. Afwijken of niet toepassen van de bovenliggende beheersmaatregel moet worden onderbouwd met een risicoanalyse en de referentie naar deze analyse moet in een bijlage uitzonderingen opgenomen zijn in de Verklaring van Toepasselijkheid.

Voorbeeld van een beheersmaatregel:
Een bedrijf hanteert een beleid waarin staat dat zodra een werknemer het bedrijf verlaat of een apparaat niet meer in gebruik is, alle bedrijfsgevoelige gegevens van de apparaten worden verwijderd.

Dit proces omvat het gebruik van specifieke softwaretools om gegevens onherstelbaar te wissen, zodat de informatie niet kan worden hersteld.

Dit waarborgt dat gevoelige bedrijfsinformatie niet per ongeluk wordt vrijgegeven, zelfs als het apparaat opnieuw wordt gebruikt of wordt afgevoerd.

Programma

- Algemeen
- Module 1: Begrippen en inleiding BIO
- Module 2: Organisatorische maatregelen
- Module 3: Fysieke en mensgerichte maatregelen
- ● Module 4: Technologische maatregelen

Maskeren van gegevens

Deze beheersmaatregel beschrijft de noodzaak om gevoelige gegevens te maskeren, om de beveiliging van deze data te waarborgen.

Maskeren betekent het vervagen of vervangen van gevoelige informatie door onleesbare karakters.

Het beleid voor het maskeren van gegevens moet in overeenstemming zijn met de specifieke eisen van de organisatie, het beleid op het gebied van toegangsbeveiliging en andere gerelateerde beleidsregels, rekening houdend met de toepasselijke wetgeving.

Aantekeningen:

Beheersmaatregel 8.11 Maskeren van gegevens
Gegevens behoren te worden gemaskeerd overeenkomstig het onderwerpspecifieke beleid inzake toegangsbeveiliging en andere gerelateerde onderwerpspecifieke beleidsregels en bedrijfseisen van de organisatie, rekening houdend met de toepasselijke wetgeving. Dit houdt in dat gevoelige gegevens, zoals persoonsgegevens of vertrouwelijke bedrijfsinformatie, alleen toegankelijk mogen zijn voor medewerkers die deze gegevens strikt nodig hebben voor hun werkzaamheden. Data masking wordt toegepast om ervoor te zorgen dat gegevens veilig kunnen worden verwerkt, zelfs in omgevingen zoals testsystemen, zonder dat de oorspronkelijke gevoelige inhoud beschikbaar is.

Verplichte overheidsspecifieke maatregelen
8.11.01 Als de beheersmaatregel van toepassing is dan moet gebruik gemaakt worden van de bijbehorende implementatieaanwijzing uit de ISO 27002. Afwijken of niet toepassen van de bovenliggende beheersmaatregel moet worden onderbouwd met een risicoanalyse en de referentie naar deze analyse moet in een bijlage uitzonderingen opgenomen zijn in de Verklaring van Toepasselijkheid.

Voorbeeld van een beheersmaatregel:
Bij een project waarbij klantgegevens in een testomgeving worden gebruikt, wordt data masking toegepast.

De originele persoonsgegevens worden vervangen door fictieve gegevens, zodat testers wel realistische gegevens zien, maar geen toegang hebben tot echte persoonsgegevens.

Dit vermindert het risico op datalekken tijdens het ontwikkel- en testproces.

Aantekeningen:

Beheersmaatregel 8.12 Voorkomen van gegevenslekken (data leakage prevention)

Maatregelen om gegevenslekken te voorkomen, behoren te worden toegepast in systemen, netwerken en andere apparaten waarop of waarmee gevoelige informatie wordt verwerkt, opgeslagen of getransporteerd. Dit kan inhouden dat er monitoringsoftware wordt ingezet die ongeautoriseerde pogingen om gegevens te kopiëren of te versturen kan detecteren en blokkeren. Het voorkomen van gegevenslekken draagt bij aan de vertrouwelijkheid en integriteit van de informatie door te zorgen dat gevoelige gegevens niet onbedoeld naar buiten worden gebracht of in verkeerde handen terechtkomen.

Verplichte overheidsspecifieke maatregelen

8.12.01 Als de beheersmaatregel van toepassing is dan moet gebruik gemaakt worden van de bijbehorende implementatieaanwijzing uit de ISO 27002. Afwijken of niet toepassen van de bovenliggende beheersmaatregel moet worden onderbouwd met een risicoanalyse en de referentie naar deze analyse moet in een bijlage uitzonderingen opgenomen zijn in de Verklaring van Toepasselijkheid.

Voorbeeld van een beheersmaatregel:

Een organisatie implementeert een Data Loss Prevention (DLP)-systeem dat e-mails scant op bijlagen met gevoelige informatie, zoals persoonsgegevens.

Als dergelijke informatie wordt gedetecteerd, wordt de e-mail geblokkeerd of krijgt de verzender een waarschuwing om zeker te zijn dat de informatie veilig wordt verstuurd.

Dit helpt om te voorkomen dat gevoelige gegevens onbedoeld naar onbevoegden worden verzonden en vermindert zo het risico op datalekken.

Back-up van informatie

Back-upbeleid

Een duidelijk back-upbeleid is cruciaal. Het moet de vereisten voor het bewaren en beschermen van back-ups definiëren. Belangrijk is aandacht te besteden aan bescherming tegen ransomware-aanvallen en de integriteit van de back-ups te waarborgen.

Opslaglocaties

Het back-upproces moet voorzien in opslag op verschillende locaties. Zo wordt voorkomen dat een incident op de ene locatie ook schade veroorzaakt aan de back-ups op een andere locatie.

Herstelprocedure

Regelmatig testen van de herstelprocedure is noodzakelijk. Dit moet minstens jaarlijks gebeuren, of na een grote wijziging. Dit zorgt ervoor dat de procedure correct werkt in noodsituaties.

Aantekeningen:

Beheersmaatregel 8.13 Back-up van informatie
Back-ups van informatie, software en systemen behoren te worden bewaard en regelmatig te worden getest overeenkomstig het overeengekomen onderwerpspecifieke beleid inzake back-ups. Dit beleid zorgt ervoor dat gegevens beschikbaar blijven in het geval van een incident, zoals een storing of een aanval. De back-up moet veilig worden opgeslagen, beschermd tegen ransomware-aanvallen en regelmatig worden getest om de werking ervan te waarborgen.

Verplichte overheidsspecifieke maatregelen
8.13.01 Er is een back-upbeleid waarin de eisen voor het bewaren en beschermen zijn gedefinieerd en vastgesteld. Er moet speciale aandacht zijn voor het beschermen van de back-up tegen ransomware-aanvallen en voor de maatregelen, die genomen zijn om de integriteit van de back-up te behouden.
8.13.02 Op basis van een expliciete risicoafweging is bepaald wat het maximaal toegestane dataverlies is en wat de maximale hersteltijd is na een incident.
8.13.03 Het back-upproces voorziet in opslag van de back-up op een locatie, waarbij een incident op de ene locatie niet kan leiden tot schade op de andere.
8.13.04 De herstelprocedure wordt minimaal jaarlijks getest of na een grote wijziging, om de goede werking te waarborgen als deze in noodgevallen uitgevoerd moet worden.

Voorbeeld van een beheersmaatregel:
Een organisatie implementeert een offsite back-upsysteem waarbij data op twee verschillende fysieke locaties wordt opgeslagen. Bij een aanval op één locatie blijft de back-up op de andere locatie beschikbaar, waardoor de kans op verlies van gegevens aanzienlijk wordt verkleind. Bovendien wordt de back-up elk jaar getest om ervoor te zorgen dat het herstelproces effectief werkt in geval van een noodsituatie.

Programma

- Algemeen
- Module 1: Begrippen en inleiding BIO
- Module 2: Organisatorische maatregelen
- Module 3: Fysieke en mensgerichte maatregelen
- ● Module 4: Technologische maatregelen

Redundantie van informatieverwerkende faciliteiten

1 Redundantie is een essentiële factor bij de implementatie van informatieverwerkende faciliteiten.

2 Het garandeert de continuïteit van dienstverlening door de beschikbaarheid van reserveonderdelen en backupsystemen.

3 Dit minimaliseert de impact van storingen en zorgt voor een stabiele infrastructuur.

Aantekeningen:

Beheersmaatregel 8.14 Redundantie van informatieverwerkende faciliteiten
Informatieverwerkende faciliteiten behoren met voldoende redundantie te worden geïmplementeerd om aan beschikbaarheidseisen te voldoen. Redundantie zorgt ervoor dat, in het geval van een storing in een onderdeel van de infrastructuur, andere componenten de functionaliteit kunnen overnemen, zodat kritieke processen zonder onderbreking door kunnen gaan.

Verplichte overheidsspecifieke maatregelen
8.14.01 Als de beheersmaatregel van toepassing is, moet gebruik worden gemaakt van de bijbehorende implementatieaanwijzing uit de ISO 27002. Afwijken of niet toepassen van de bovenliggende beheersmaatregel moet worden onderbouwd met een risicoanalyse. De referentie naar deze analyse moet in een bijlage uitzonderingen worden opgenomen in de Verklaring van Toepasselijkheid.

Voorbeeld van een beheersmaatregel:
Een organisatie maakt gebruik van een redundant netwerk met dubbele datalijnen van verschillende providers.

In het geval dat de ene lijn uitvalt, kan de andere automatisch de taken overnemen, waardoor de beschikbaarheid van de diensten wordt gewaarborgd.

Verder worden kritieke servers in een load-balancer gezet, waardoor andere servers automatisch de belasting kunnen overnemen als een server uitvalt.

Programma

- Algemeen
- Module 1: Begrippen en inleiding BIO
- Module 2: Organisatorische maatregelen
- Module 3: Fysieke en mensgerichte maatregelen
- ● Module 4: Technologische maatregelen

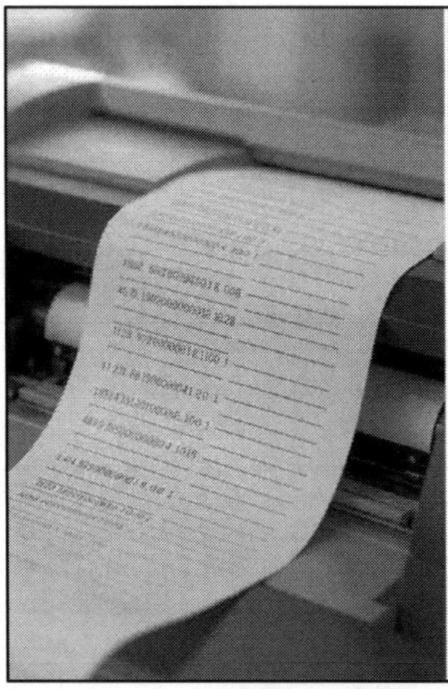

Logging

- Logging is essentieel voor het detecteren en onderzoeken van beveiligingsincidenten.
- Door logging worden activiteiten, uitzonderingen en fouten in een systeem vastgelegd en bewaard.
- Dit maakt het mogelijk om te achterhalen wat er is gebeurd en hoe een incident heeft plaatsgevonden.

Aantekeningen:

Beheersmaatregel 8.15 Logging

Er behoren logbestanden waarin activiteiten, uitzonderingen, fouten en andere relevante gebeurtenissen worden geregistreerd, te worden geproduceerd, opgeslagen, beschermd en geanalyseerd.

Verplichte overheidsspecifieke maatregelen

8.15.01 Een logregel bevat minimaal:

- actie: de gebeurtenis of handeling die heeft plaatsgevonden,
- object: waarop de gebeurtenis of handeling effect had (bijv. welk bestand, proces of systeem),
- resultaat: het resultaat van de gebeurtenis of handeling,
- oorsprong: het apparaat of de netwerklocatie van waaruit de gebeurtenis of handeling in gang is gezet,
- actor: identificatie van de persoon die of het proces dat de gebeurtenis in gang heeft gezet,
- tijdstempel: datum en tijdstip waarop de gebeurtenis of handling plaatsvond.

8.15.02 Een logregel bevat in geen geval gegevens die tot het doorbreken van de beveiliging kunnen leiden.

8.15.03 Er is een overzicht van logbestanden die worden gegenereerd.

8.15.04 De bewaartermijn van logbestanden en gegevens in het SIEM worden risicogericht bepaald rekening houdend met het scenario dat aanvallers soms al langdurig binnen zijn.

8.15.05 Oneigenlijk wijzigen, verwijderen of pogingen daartoe van loggegevens worden zo snel mogelijk gemeld als beveiligingsincident via de procedure voor informatiebeveiligingsincidenten conform control 5.24.

8.15.06 Op basis van een expliciete risicoafweging bepaalt de organisatie de periodieke toetsing op het ongewijzigd bestaan van logbestanden gedurende de bewaartermijn. Toetsing wordt uitgevoerd door een onafhankelijke functionaris (ten opzichte van de uitvoering).

Monitoren van Activiteiten

Het monitoren van netwerken, systemen en toepassingen is essentieel om afwijkend gedrag te detecteren en te reageren op potentiële beveiligingsincidenten.

Dit proces omvat het continu bewaken van de IT-omgeving voor verdachte activiteiten en anomalieën.

Het doel is om inbreuken vroegtijdig te identificeren en te stoppen, de impact te minimaliseren en de veiligheid van de informatie te waarborgen.

Aantekeningen:

Beheersmaatregel 8.16 Monitoren van activiteiten
Netwerken, systemen en toepassingen behoren te worden gemonitord op afwijkend gedrag en er behoren passende maatregelen te worden getroffen om potentiële informatiebeveiligingsincidenten te evalueren. Het doel is om vroegtijdig afwijkingen en verdachte activiteiten te detecteren, zodat snel kan worden gereageerd op mogelijke bedreigingen en incidenten.

Verplichte overheidsspecifieke maatregelen
8.16.01 Bij ontdekte nieuwe dreigingen (aanvallen) via 8.16.03 worden deze binnen geldende juridische kaders verplicht gedeeld met de daarvoor aangewezen CERT.
8.16.02 Het Security Incident en Event Monitoring (SIEM) proces en/of het SOC monitoring proces hebben eenduidige regels over wanneer een incident moet worden gerapporteerd aan het verantwoordelijk management.
8.16.03 De informatieverwerkende omgeving wordt gemonitord met een detectie- en response-oplossing, waarmee aanvallen kunnen worden gedetecteerd en afwijkingen adequaat en tijdig worden behandeld.
8.16.04 Actieve netwerkcomponenten zijn voorzien van logging en monitoring van die logging om afwijkende gebeurtenissen te kunnen waarnemen en daarop te reageren.

Voorbeeld van een beheersmaatregel:
Een organisatie maakt gebruik van een SIEM-systeem om netwerkverkeer en systeemactiviteiten te monitoren. Het systeem is zo geconfigureerd dat het meldingen genereert wanneer bepaalde verdachte patronen worden gedetecteerd, zoals pogingen tot ongeautoriseerde toegang of het herhaaldelijk mislukken van inlogpogingen.
Deze meldingen worden door een Security Operations Center (SOC) onderzocht en, indien nodig, worden passende maatregelen genomen om verdere schade te voorkomen.

Programma

- Algemeen
- Module 1: Begrippen en inleiding BIO
- Module 2: Organisatorische maatregelen
- Module 3: Fysieke en mensgerichte maatregelen
- ● Module 4: Technologische maatregelen

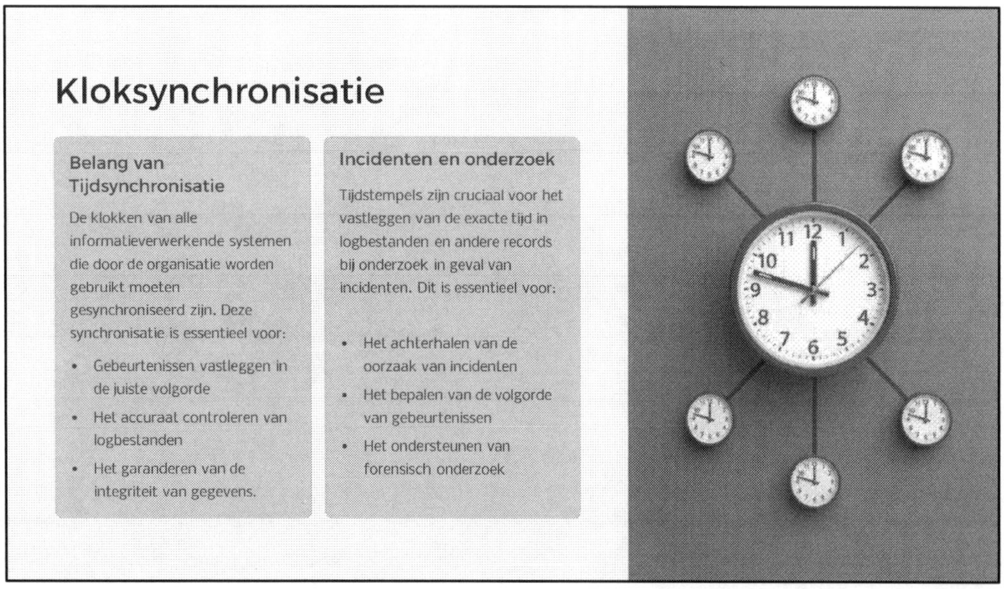

Aantekeningen:

Beheersmaatregel 8.17 Kloksynchronisatie
De klokken van informatieverwerkende systemen die door de organisatie worden gebruikt, behoren te worden gesynchroniseerd met goedgekeurde tijdsbronnen. Dit zorgt ervoor dat alle systemen dezelfde tijd hanteren, wat essentieel is voor het correct functioneren van logboeken, monitoring, auditactiviteiten en het identificeren van incidenten.

Verplichte overheidsspecifieke maatregelen
8.17.01 Als de beheersmaatregel van toepassing is, dan moet gebruik worden gemaakt van de bijbehorende implementatieaanwijzing uit de ISO 27002. Afwijken of niet toepassen van de bovenliggende beheersmaatregel moet worden onderbouwd met een risicoanalyse en de referentie naar deze analyse moet in een bijlage met uitzonderingen worden opgenomen in de Verklaring van Toepasselijkheid.

Voorbeeld van een beheersmaatregel:
Een organisatie configureert alle servers en netwerkapparatuur om hun tijd te synchroniseren met een goedgekeurde Network Time Protocol (NTP) server.

Deze server haalt de tijd op bij een betrouwbare bron, zoals een nationale tijdstandaard.

Hierdoor worden afwijkingen in systeemklokken voorkomen, wat cruciaal is voor het effectief analyseren van loggegevens tijdens een beveiligingsincident.

Gebruik van speciale systeemhulpmiddelen

Beperkt gebruik en nauwkeurige controle

Het gebruik van systeemhulpmiddelen die potentieel beveiligingsmaatregelen kunnen omzeilen, moet streng gecontroleerd worden. Deze hulpmiddelen kunnen toegang bieden tot gevoelige data of het systeem op onvoorziene manieren beïnvloeden. Daarom is het essentieel om deze hulpmiddelen alleen te gebruiken wanneer strikt noodzakelijk, met goedkeuring van de bevoegde autoriteiten.

Logging van gebruik

Het gebruik van systeemhulpmiddelen moet altijd gelogd worden. Deze logs dienen voldoende informatie te bevatten om de gebruiker, datum, tijd en de gebruikte tool vast te leggen. Deze informatie is van groot belang om eventuele misbruiken te detecteren en te onderzoeken. De logs dienen ten minste een halfjaar bewaard te worden, wat voldoende tijd geeft voor potentiële onderzoeken.

Aantekeningen:

Beheersmaatregel 8.18 Gebruik van speciale systeemhulpmiddelen
Het gebruik van systeemhulpmiddelen die in staat kunnen zijn om beheersmaatregelen voor systemen en toepassingen te omzeilen, behoort te worden beperkt en nauwkeurig te worden gecontroleerd. Dit is noodzakelijk om te voorkomen dat onbevoegden toegang krijgen tot gevoelige informatie of omzeilende acties uitvoeren zonder toezicht.

Verplichte overheidsspecifieke maatregelen
8.18.01 Alleen bevoegd personeel heeft op die momenten dat toegang strikt noodzakelijk is toegang tot systeemhulpmiddelen.
8.18.02 Het gebruik van systeemhulpmiddelen wordt gelogd. De logging is een halfjaar beschikbaar voor onderzoek.

Voorbeeld van een beheersmaatregel:
Binnen een organisatie hebben alleen systeembeheerders toegang tot bepaalde diagnostische tools die diepgaande systeemwijzigingen kunnen doorvoeren.

Deze toegang wordt beperkt door middel van multi-factor authenticatie, en de acties die met deze hulpmiddelen worden uitgevoerd worden continu gelogd.

Deze loggegevens worden zes maanden bewaard en regelmatig beoordeeld om ongeautoriseerde of verdachte activiteiten te detecteren en te onderzoeken.

Programma
- Algemeen
- Module 1: Begrippen en inleiding BIO
- Module 2: Organisatorische maatregelen
- Module 3: Fysieke en mensgerichte maatregelen
- ● Module 4: Technologische maatregelen

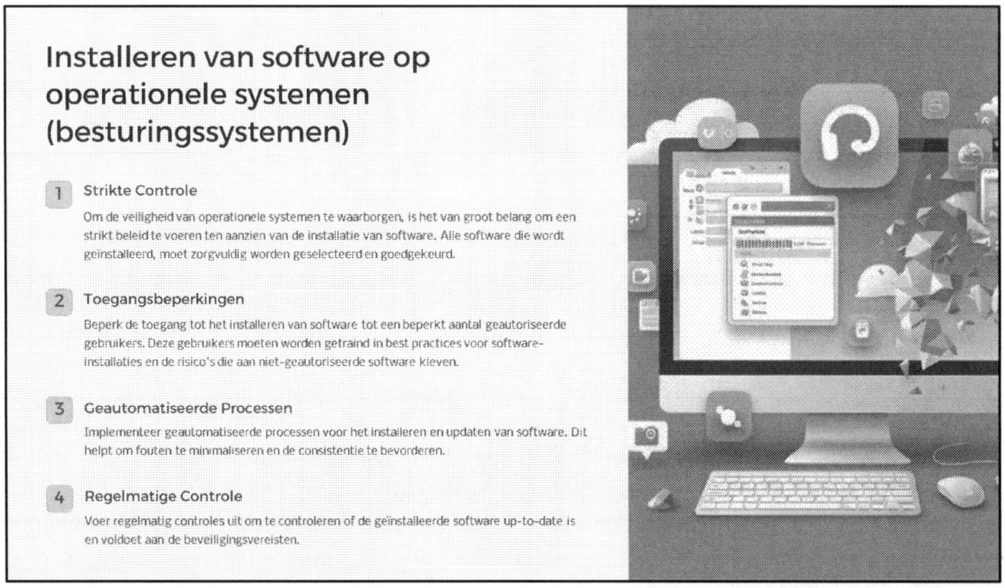

Aantekeningen:

Beheersmaatregel 8.19 Installeren van software op operationele systemen

Er behoren procedures en maatregelen te worden geïmplementeerd om het installeren van software op operationele systemen op beveiligde wijze te beheren. Dit helpt ervoor te zorgen dat alleen goedgekeurde en veilige software in gebruik wordt genomen, waardoor risico's zoals malware, compatibiliteitsproblemen en kwetsbaarheden tot een minimum worden beperkt. Door het installatieproces te beheren, kan de organisatie de integriteit van haar systemen waarborgen en ervoor zorgen dat deze voldoen aan de vastgestelde beveiligingsnormen.

Verplichte overheidsspecifieke maatregelen

8.19.01 Het risico van installatie door gebruikers van niet-geautoriseerde software moet worden beheerst.

Voorbeeld van een beheersmaatregel:

Binnen een organisatie is het installeren van software op werkstations alleen toegestaan door de IT-afdeling. Gebruikers hebben geen administratieve rechten, zodat zij geen programma's kunnen installeren zonder toestemming.

Voor elke installatie doorloopt de IT-afdeling een goedkeuringsproces waarbij software eerst wordt gescand op malware en wordt getoetst aan de beveiligingsrichtlijnen van de organisatie. Daarnaast worden de logs van alle software-installaties zorgvuldig bijgehouden en minimaal zes maanden bewaard.

Deze logs worden periodiek gecontroleerd door de security officer om ervoor te zorgen dat alleen geautoriseerde software in gebruik is en om eventuele afwijkingen op te sporen.

Zo wordt de kans op ongewenste of risicovolle software geminimaliseerd en blijven de operationele systemen veilig.

Aantekeningen:

Beheersmaatregel 8.20 Beveiliging netwerkcomponenten

Netwerken en netwerkapparaten behoren te worden beveiligd, beheerd en beheerst om informatie in systemen en toepassingen te beschermen. Het gaat hierbij om maatregelen die helpen om de veiligheid en integriteit van de netwerkstructuur te waarborgen, zodat ongeoorloofde toegang en aanvallen kunnen worden voorkomen. Het beveiligen van netwerkcomponenten helpt niet alleen bij het beschermen van vertrouwelijke gegevens, maar draagt ook bij aan de stabiliteit en beschikbaarheid van het netwerk.

Verplichte overheidsspecifieke maatregelen

8.20.01 Netwerkcomponenten moeten minimaal voldoen aan het vertrouwelijkheidsniveau van het netwerk waarvan ze onderdeel zijn.
8.20.02 Toegang tot beheerinterfaces van netwerkcomponenten moet (zo veel als mogelijk en risicogericht) gescheiden zijn van het gebruikersnetwerk.

Voorbeeld van een beheersmaatregel:

Binnen een organisatie worden alle netwerkcomponenten zoals routers, switches en firewalls geconfigureerd om te voldoen aan de beveiligingseisen van het netwerk waarin zij zich bevinden. Om dit te realiseren, worden beheerinterfaces van netwerkapparaten gescheiden van het reguliere gebruikersnetwerk.

Dit betekent dat toegang tot deze interfaces alleen mogelijk is via een speciaal beheernetwerk, dat is afgeschermd van normale gebruikersverkeer. Daarnaast worden alle netwerkcomponenten voorzien van sterke wachtwoorden, en waar mogelijk multi-factor authenticatie voor extra beveiliging.

Ook worden wijzigingen in de configuraties van netwerkcomponenten gelogd en regelmatig beoordeeld om ongeautoriseerde aanpassingen te detecteren en te voorkomen.

Aantekeningen:

Beheersmaatregel 8.21 Beveiliging van netwerkdiensten
Beveiligingsmechanismen, dienstverleningsniveaus en dienstverleningseisen voor alle netwerkdiensten behoren te worden geïdentificeerd, geïmplementeerd en gemonitord.

Verplichte overheidsspecifieke maatregelen
8.21.01 In koppelpunten met externe of onvertrouwde zones en in het kader van netwerksegmentatie zijn maatregelen getroffen om mogelijke aanvallen die de beschikbaarheid van de informatievoorziening negatief beïnvloeden (bijvoorbeeld DDoS-aanvallen, Distributed Denial of Service attacks) te signaleren en te mitigeren.

8.21.02 Het dataverkeer van of naar de vertrouwde omgeving, wordt bewaakt/geanalyseerd op verdacht verkeer middels detectievoorzieningen.

8.21.03 Bij ontdekte nieuwe dreigingen vanuit 8.21.02 worden deze doorgeleid, rekening houdend met de geldende juridische kaders gedeeld binnen de overheid.

8.21.04 Bij transport van gegevens over draadloze verbindingen zoals wifi en bij bedrade verbindingen buiten het gecontroleerd gebied worden de gegevens versleuteld met uitzondering van metagegevens die noodzakelijk zijn om het transport tot stand te laten komen. De inrichting van de versleuteling is risicogericht en houdt rekening met de noodzakelijke beschermingstermijn en -niveau. Hierbij wordt gebruik gemaakt van encryptiemiddelen waarvoor bij voorkeur de Unit Weerbaarheid van de AIVD een positief inzetadvies heeft afgegeven. Indien er geen geschikte door het Unit Weerbaarheid geadviseerde encryptiemiddelen zijn, wordt in overleg met de CISO een andere geschikte versleutelingsmethodiek gekozen en ingericht.

Programma

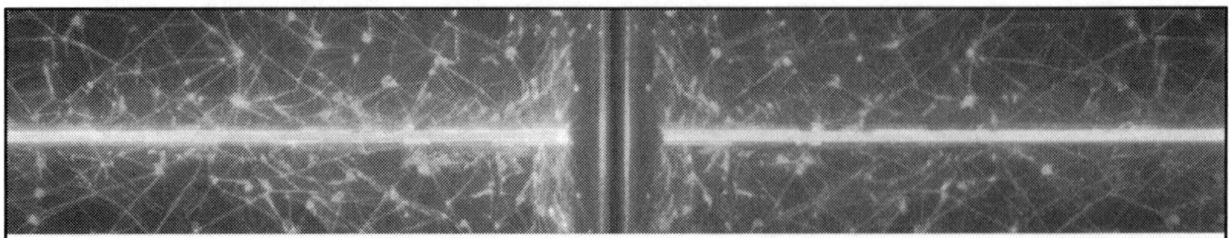

Netwerksegmentatie

Doel van Netwerksegmentatie

Door informatie te verdelen over verschillende netwerksegmenten, wordt de impact van een potentiële beveiligingsinbreuk geminimaliseerd.

Als een aanval slaagt, wordt slechts een klein deel van het netwerk beïnvloed, in plaats van het hele systeem. Dit zorgt ervoor dat gevoelige informatie beter beveiligd blijft.

Implementatie van Netwerksegmentatie

De implementatie van netwerksegmentatie vereist zorgvuldige planning en uitvoering. Alle informatiediensten, gebruikers en informatiesystemen moeten worden geclassificeerd en in aparte segmenten worden geplaatst. Deze segmenten moeten vervolgens worden beveiligd met behulp van firewalls, Virtual Private Networks (VPNs) en andere beveiligingstechnologieën.

Aantekeningen:

Beheersmaatregel 8.22 Netwerksegmentatie
Groepen informatiediensten, gebruikers en informatiesystemen behoren in de netwerken van de organisatie te worden gesegmenteerd.

Verplichte overheidsspecifieke maatregelen
8.22.01 Alle gescheiden groepen hebben een gedefinieerd beveiligingsniveau.

Voorbeeld van een beheersmaatregel:
Een goed voorbeeld van netwerksegmentatie is het opdelen van een bedrijfsnetwerk in verschillende segmenten op basis van de functie en het beveiligingsniveau van de informatiediensten en gebruikers.

Bijvoorbeeld, een organisatie kan aparte netwerksegmenten inrichten voor administratieve afdelingen, IT-beheer, en externe leveranciers. Elk segment heeft zijn eigen beveiligingsniveau en toegangsregels. Het IT-beheersegment heeft striktere toegangscontrole dan het administratieve segment.

VLAN's (Virtual LAN's) worden gebruikt om deze segmenten te scheiden, waardoor verkeer tussen de segmenten alleen mogelijk is via vooraf gedefinieerde en gecontroleerde routes, zoals via firewalls.

Hiermee wordt voorkomen dat een incident in het ene segment (bijvoorbeeld een malware-aanval) zich verspreidt naar andere segmenten, en blijft gevoelige informatie beter beschermd.

Aantekeningen:

Beheersmaatregel 8.23 Toepassen van webfilters
De toegang tot externe websites behoort te worden beheerd om de blootstelling aan kwaadaardige inhoud te beperken.

Verplichte overheidsspecifieke maatregelen
8.23.01 Als de beheersmaatregel van toepassing is dan moet gebruik worden gemaakt van de bijbehorende implementatieaanwijzing uit de ISO 27002. Afwijken of niet toepassen van de bovenliggende beheersmaatregel moet worden onderbouwd met een risicoanalyse en de referentie naar deze analyse moet in een bijlage met uitzonderingen worden opgenomen in de Verklaring van Toepasselijkheid.

Voorbeeld van een beheersmaatregel:
Een organisatie kan webfilters implementeren om te voorkomen dat werknemers toegang krijgen tot websites die als risicovol of schadelijk zijn geïdentificeerd.

Bijvoorbeeld, het IT-team kan een lijst opstellen van ongewenste websites, zoals sites die bekend staan om phishing of het verspreiden van malware. Webfiltersoftware wordt gebruikt om al het inkomende en uitgaande internetverkeer te controleren en automatisch de toegang tot dergelijke sites te blokkeren.

Daarnaast worden specifieke categorieën van websites, zoals sociale media of streamingdiensten, geblokkeerd tijdens werkuren om de productiviteit te verhogen en de beveiligingsrisico's te minimaliseren. Indien medewerkers toch toegang nodig hebben tot geblokkeerde inhoud, moet dit eerst worden beoordeeld en goedgekeurd door de IT-afdeling, waarna eventueel tijdelijke toegang kan worden verleend.

Door deze aanpak worden de risico's van onbedoelde blootstelling aan kwaadaardige inhoud verminderd en wordt de beveiliging van de organisatie versterkt.

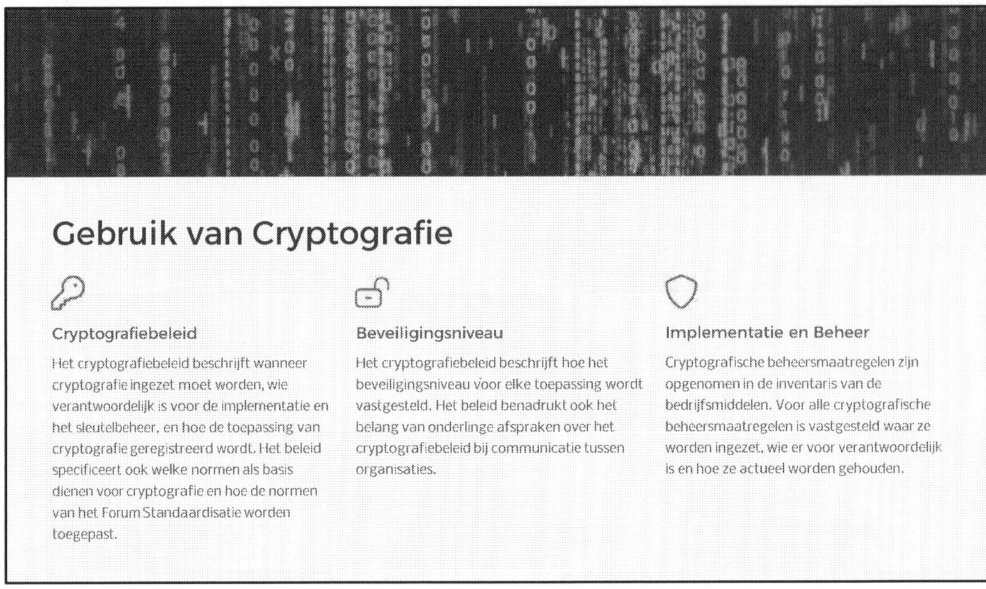

Aantekeningen:

Beheersmaatregel 8.24 Gebruik van cryptografie
Regels voor het doeltreffende gebruik van cryptografie, met inbegrip van het beheer van cryptografische sleutels, behoren te worden gedefinieerd en geïmplementeerd. Cryptografie wordt toegepast om de vertrouwelijkheid, integriteit en authenticiteit van informatie te waarborgen. Dit omvat het gebruik van sterke encryptieprotocollen en een goed gedefinieerd beleid voor sleutelbeheer om ervoor te zorgen dat gevoelige gegevens niet toegankelijk zijn voor onbevoegden.

Verplichte overheidsspecifieke maatregelen
8.24.01 In het cryptografiebeleid zijn minimaal de volgende onderwerpen uitgewerkt: wanneer cryptografie wordt ingezet, wie verantwoordelijk is voor de implementatie, wie verantwoordelijk is voor het sleutelbeheer, hoe geregistreerd wordt waar welke cryptografie toegepast wordt, welke normen als basis dienen voor cryptografie en de wijze waarop de normen van het Forum Standaardisatie worden toegepast, de wijze waarop het beschermingsniveau vastgesteld wordt, en bij communicatie tussen organisaties hoe het beleid onderling wordt vastgesteld.
8.24.02 Cryptografische beheersmaatregelen zijn opgenomen in de inventaris van de bedrijfsmiddelen. Voor alle cryptografische beheersmaatregelen is vastgesteld waar ze worden ingezet, wie er verantwoordelijk voor is en hoe ze actueel worden gehouden.
8.24.03 Cryptografische toepassingen voldoen aan passende standaarden van het Forum Standaardisatie.
8.24.04 De sterkte van de cryptografie wordt gebaseerd op de actuele adviezen van het NCSC en de Unit Weerbaarheid van de AIVD.
8.24.05 Er zijn (contractuele) afspraken over reservecertificaten van een alternatieve leverancier als uit risicoafweging blijkt dat deze noodzakelijk zijn als onderdeel van gereedheid voor bedrijfscontinuïteit (beheersmaatregel 5.30).

Programma

- Algemeen
- Module 1: Begrippen en inleiding BIO
- Module 2: Organisatorische maatregelen
- Module 3: Fysieke en mensgerichte maatregelen
- ● Module 4: Technologische maatregelen

Beveiligen tijdens de ontwikkelcyclus

Veilige Ontwikkelpraktijken

De ontwikkeling van software en systemen vereist een proactieve aanpak om beveiliging in te bouwen vanaf het begin. Dit omvat het definiëren en toepassen van strikte beveiligingsregels gedurende de gehele levenscyclus van de software.

Risicoanalyse en Beheer

De overheid moet een grondige risicoanalyse uitvoeren om potentiële kwetsbaarheden te identificeren en te beoordelen. Deze risicoanalyse is de basis voor het bepalen van de noodzakelijke beveiligingsmaatregelen tijdens de ontwikkelcyclus.

Implementatie van Maatregelen

De implementatie van beveiligingsmaatregelen moet gebaseerd zijn op de ISO 27002-richtlijnen. Eventuele afwijkingen moeten worden onderbouwd met een risicoanalyse en vastgelegd in een bijlage uitzonderingen.

Aantekeningen:

Beheersmaatregel 8.25 Beveiligen tijdens de ontwikkelcyclus
Voor het veilig ontwikkelen van software en systemen behoren regels te worden vastgesteld en toegepast. Het doel is om beveiligingsproblemen vroegtijdig in de ontwikkelcyclus te identificeren en aan te pakken, zodat deze niet tot kwetsbaarheden leiden in de operationele systemen. Veiligheidscontroles worden toegepast gedurende elke fase van de ontwikkelcyclus, van planning tot implementatie en testen.

Verplichte overheidsspecifieke maatregelen
8.25.01 Als de beheersmaatregel van toepassing is dan moet gebruik gemaakt worden van de bijbehorende implementatieaanwijzing uit de ISO 27002. Afwijken of niet toepassen van de bovenliggende beheersmaatregel moet worden onderbouwd met een risicoanalyse en de referentie naar deze analyse moet in een bijlage uitzonderingen opgenomen zijn in de Verklaring van Toepasselijkheid.

Voorbeeld van een beheersmaatregel:
Bij de ontwikkeling van een nieuwe applicatie hanteert een organisatie een 'secure coding'-richtlijn die ervoor zorgt dat beveiliging in elke stap van de ontwikkelcyclus wordt meegenomen. Ontwikkelaars krijgen training in het veilig coderen om veelvoorkomende kwetsbaarheden zoals SQL-injecties of cross-site scripting te vermijden.

Tijdens de ontwikkelfase worden geautomatiseerde tools ingezet om de code op beveiligingslekken te scannen. Daarnaast worden, voordat de software in productie wordt genomen, penetratietests uitgevoerd door een extern beveiligingsteam om eventuele kwetsbaarheden op te sporen en te verhelpen.

Hierdoor kan de organisatie de kans op beveiligingsincidenten in de uiteindelijke software sterk verminderen en de veiligheid van gebruikers garanderen.

Programma

- Algemeen
- Module 1: Begrippen en inleiding BIO
- Module 2: Organisatorische maatregelen
- Module 3: Fysieke en mensgerichte maatregelen
- ● Module 4: Technologische maatregelen

Toepassingsbeveiligings-eisen

Toepassingen -> software / applicaties / apps

Bij het ontwikkelen of aanschaffen van toepassingen is het essentieel om specifieke eisen aan de informatiebeveiliging te identificeren, te specificeren en goed te keuren.

Zoals eisen aan authenticatie & autorisatie, encryptie en logging & monitoring

Dit is van cruciaal belang om de veiligheid en integriteit van de toepassing te garanderen. Door deze eisen te integreren in het ontwikkelingsproces, kunnen potentiële kwetsbaarheden vroegtijdig worden geïdentificeerd en gemitigeerd.

Aantekeningen:

Beheersmaatregel 8.26 Toepassingsbeveiligingseisen
Er behoren eisen aan de informatiebeveiliging te worden geïdentificeerd, gespecificeerd en goedgekeurd bij het ontwikkelen of aanschaffen van toepassingen. Deze eisen zorgen ervoor dat de toepassingen voldoen aan de beveiligingsdoelen van de organisatie, zoals vertrouwelijkheid, integriteit en beschikbaarheid van gegevens. Het is belangrijk dat deze eisen al in een vroeg stadium worden vastgesteld, zodat beveiligingsproblemen kunnen worden voorkomen.

Verplichte overheidsspecifieke maatregelen
8.26.01 Als de beheersmaatregel van toepassing is dan moet gebruik worden gemaakt van de bijbehorende implementatieaanwijzing uit de ISO 27002. Afwijken of niet toepassen van de bovenliggende beheersmaatregel moet worden onderbouwd met een risicoanalyse, en de referentie naar deze analyse moet in een bijlage uitzonderingen worden opgenomen in de Verklaring van Toepasselijkheid.

Voorbeeld van een beheersmaatregel:
Bij de ontwikkeling van een nieuw klantportaal stelt een organisatie specifieke beveiligingseisen vast, zoals datatransmissie via HTTPS, gebruikersauthenticatie via multi-factor authenticatie (MFA) en het versleutelen van klantgegevens in de database.

Deze eisen worden vastgelegd in een beveiligingsplan en goedgekeurd door de informatiebeveiligingsfunctionaris.

Tijdens de ontwikkeling worden de beveiligingseisen regelmatig gecontroleerd, zodat er zeker wordt gesteld dat de uiteindelijke toepassing voldoet aan de gestelde eisen.

Hierdoor wordt de veiligheid van gebruikersgegevens gegarandeerd, en kunnen mogelijke kwetsbaarheden al in de ontwikkelfase worden verholpen.

Veilige systeemarchitectuur en technische uitgangspunten

1 Informatiebeveiliging door ontwerp

De focus ligt op het inbouwen van beveiliging vanaf het begin van het ontwerp. Deze aanpak verhoogt de betrouwbaarheid, integriteit en beschikbaarheid van de informatiesystemen. De basisprincipes van 'security by design' en 'security by default' dienen te worden toegepast.

2 Continue Evaluatie

De technische uitgangspunten moeten voortdurend worden geëvalueerd en aangepast aan de veranderende dreigingsbeeld en technologische ontwikkelingen. Dit zorgt ervoor dat de systemen blijven voldoen aan de huidige beveiligingsstandaarden.

3 Geïntegreerde Informatiebeveiliging

Informatiebeveiliging moet een integraal onderdeel zijn van het hele ontwikkelingsproces. Het is essentieel om de beveiligingsaspecten te integreren in alle fasen van de levenscyclus van een informatiesysteem.

Aantekeningen:

Beheersmaatregel 8.27 Veilige systeemarchitectuur en technische uitgangspunten
Uitgangspunten voor het ontwerpen van beveiligde systemen behoren te worden vastgesteld, gedocumenteerd, onderhouden en toegepast voor alle activiteiten betreffende het ontwikkelen van informatiesystemen. Het doel is om vanaf het begin een sterke beveiligingsbasis te leggen door gebruik te maken van bewezen methoden en standaarden. Het hanteren van een veilige systeemarchitectuur helpt om de risico's op kwetsbaarheden te minimaliseren en de integriteit van informatiesystemen te waarborgen.

Verplichte overheidsspecifieke maatregelen
8.27.01 Best Practices rondom 'security by design' en 'security by default' zijn uitgangspunt voor de ontwikkeling van software en systemen.

Voorbeeld van een beheersmaatregel:
Bij de ontwikkeling van een nieuw informatiesysteem gebruikt de organisatie een beveiligingsontwerp waarbij 'security by design' en 'security by default' leidende principes zijn.

Dit betekent dat beveiliging vanaf het begin in het ontwerp is ingebouwd. Bijvoorbeeld, gebruikersaccounts worden standaard aangemaakt met minimale toegangsrechten, en beveiligingsinstellingen, zoals firewalls en versleuteling, staan standaard ingeschakeld.

Daarnaast wordt bij het ontwerp van het systeem rekening gehouden met mogelijke aanvallen, zoals DDoS-aanvallen, en worden er maatregelen ingebouwd om deze risico's te beperken.

Hierdoor wordt de kans op beveiligingslekken verkleind en is het systeem beter bestand tegen bedreigingen.

Programma

- Algemeen
- Module 1: Begrippen en inleiding BIO
- Module 2: Organisatorische maatregelen
- Module 3: Fysieke en mensgerichte maatregelen
- ● Module 4: Technologische maatregelen

Aantekeningen:

Beheersmaatregel 8.28 Veilig coderen
Er behoren principes voor veilig coderen te worden toegepast op softwareontwikkeling. Het toepassen van veilige codeerprincipes helpt om de kans op beveiligingslekken, zoals SQL-injecties, cross-site scripting (XSS), en andere kwetsbaarheden te minimaliseren. Dit zorgt ervoor dat de software die ontwikkeld wordt, robuuster en minder kwetsbaar is voor aanvallen.

Verplichte overheidsspecifieke maatregelen
8.28.01 Als de beheersmaatregel van toepassing is dan moet gebruik gemaakt worden van de bijbehorende implementatieaanwijzing uit de ISO 27002. Afwijken of niet toepassen van de bovenliggende beheersmaatregel moet worden onderbouwd met een risicoanalyse en de referentie naar deze analyse moet in een bijlage met uitzonderingen worden opgenomen in de Verklaring van Toepasselijkheid.

Voorbeeld van een beheersmaatregel:
Tijdens de ontwikkeling van een webapplicatie worden de ontwikkelaars getraind in veilige coderingsprincipes. Er worden richtlijnen gehanteerd zoals inputvalidatie, zodat alle gebruikersinvoer wordt gecontroleerd op ongewenste tekens voordat deze in de applicatie wordt verwerkt.

Daarnaast wordt een statische code-analysetool gebruikt om automatisch te scannen op veelvoorkomende kwetsbaarheden, zoals zwakke versleuteling of onbeveiligde API-aanroepen.

Om ervoor te zorgen dat deze richtlijnen effectief worden toegepast, wordt er ook een peer-reviewproces ingesteld waarbij elke regel code door een collega wordt beoordeeld op zowel functionaliteit als veiligheid.

Dit alles draagt bij aan het voorkomen van beveiligingsproblemen en maakt de software aanzienlijk veiliger voor eindgebruikers.

Testen van de beveiliging tijdens ontwikkeling en acceptatie

Testen moeten gepland, gedocumenteerd en uitgevoerd worden om de effectiviteit van de beveiligingsmaatregelen te valideren.

Gestructureerde Testmethodieken

Voor acceptatietesten van systemen worden gestructureerde testmethodieken toegepast. Deze testen worden bij voorkeur geautomatiseerd om de efficiëntie en nauwkeurigheid te verhogen. De testcases moeten duidelijk worden gedefinieerd om de beveiligingsrisico's en -kwetsbaarheden effectief te identificeren.

Rapportage van Testresultaten

Van de resultaten van de beveiligingstesten wordt een duidelijk en gedetailleerd verslag gemaakt. Dit verslag moet de gebruikte testmethodieken, de gedetecteerde kwetsbaarheden en de genomen corrigerende maatregelen bevatten. Dit document dient als bewijs van de inspanningen die zijn geleverd om de beveiliging van het systeem te waarborgen.

Aantekeningen:

Beheersmaatregel 8.29 Testen van de beveiliging tijdens ontwikkeling en acceptatie
Processen voor het testen van de beveiliging behoren te worden gedefinieerd en geïmplementeerd in de ontwikkelcyclus. Dit houdt in dat beveiligingstests, zoals kwetsbaarheidsscans en penetratietests, worden uitgevoerd om te verifiëren dat het systeem of de software voldoet aan de beveiligingseisen en bestand is tegen potentiële bedreigingen. Het opnemen van beveiligingstests in elke fase van de ontwikkelcyclus helpt om problemen vroegtijdig te identificeren en op te lossen.

Verplichte overheidsspecifieke maatregelen
8.29.01 Voor acceptatietesten van systemen worden gestructureerde testmethodieken gebruikt. De testen worden bij voorkeur geautomatiseerd uitgevoerd. Van de resultaten van de testen wordt verslag gemaakt.

Voorbeeld van een beheersmaatregel:
Bij de ontwikkeling van een nieuwe bedrijfsapplicatie wordt een testplan opgesteld waarin verschillende beveiligingstests zijn opgenomen. Een van de maatregelen is het uitvoeren van gestructureerde penetratietests door een extern beveiligingsbedrijf om te verifiëren dat er geen kwetsbaarheden in het systeem aanwezig zijn. Daarnaast worden geautomatiseerde kwetsbaarheidsscans uitgevoerd bij elke nieuwe release van de software.

De resultaten van deze testen worden gedocumenteerd en beoordeeld door het ontwikkelteam. Eventuele gevonden kwetsbaarheden worden geprioriteerd en opgelost voordat de applicatie in productie wordt genomen. Door deze aanpak wordt ervoor gezorgd dat de applicatie veilig is en voldoet aan de beveiligingsnormen voordat deze door gebruikers wordt geaccepteerd en gebruikt.

Uitbestede Systeemontwikkeling

Beheer en Toezicht

De organisatie is verantwoordelijk voor het beheren en bewaken van uitbestede systeemontwikkeling. Dit omvat het sturen, bewaken en beoordelen van de activiteiten die worden uitgevoerd door externe partijen.

De organisatie moet ervoor zorgen dat de uitbestede systeemontwikkeling voldoet aan de beveiligingsvereisten en richtlijnen. Regelmatige beoordelingen en audits zijn noodzakelijk om de naleving te controleren.

Overheidsspecifieke Maatregelen

De interne maatregelen voor systeemontwikkeling zijn ook van toepassing op uitbestede ontwikkeling. Dit betekent dat de externe partij moet voldoen aan dezelfde beveiligingsstandaarden als de organisatie zelf.

Daarnaast moeten er specifieke maatregelen worden getroffen die voortvloeien uit de uitbestedingsovereenkomst. Deze maatregelen kunnen betrekking hebben op toegang tot systemen, gegevensbescherming en rapportage.

Aantekeningen:

Beheersmaatregel 8.30 Uitbestede systeemontwikkeling
De organisatie behoort de activiteiten in verband met uitbestede systeemontwikkeling te sturen, bewaken en beoordelen. Dit betekent dat wanneer een externe partij wordt ingehuurd voor het ontwikkelen van systemen, de organisatie verantwoordelijk blijft voor het waarborgen van de beveiliging van de ontwikkelde software. Er moeten duidelijke afspraken worden gemaakt met de externe partij om ervoor te zorgen dat de softwareontwikkeling voldoet aan de beveiligingsnormen van de organisatie.

Verplichte overheidsspecifieke maatregelen
8.30.01 Interne maatregelen voor systeemontwikkeling zijn onverkort van toepassing op uitbestede ontwikkeling, aangevuld met maatregelen die volgen vanuit uitbestedingen.

Voorbeeld van een beheersmaatregel:
Wanneer een organisatie besluit om een deel van de systeemontwikkeling uit te besteden aan een externe leverancier, wordt er een gedetailleerd contract opgesteld waarin de beveiligingseisen zijn vastgelegd.

De leverancier moet bijvoorbeeld voldoen aan dezelfde richtlijnen voor veilig coderen als de interne ontwikkelaars van de organisatie.

Daarnaast worden er regelmatig voortgangsbesprekingen gehouden om te controleren of de beveiligingseisen worden nageleefd. Om de kwaliteit te waarborgen, voert de organisatie ook beveiligingstests uit op de opgeleverde software, zoals kwetsbaarheidsscans en penetratietests.

Op deze manier wordt ervoor gezorgd dat de uitbestede softwareontwikkeling veilig is en voldoet aan de gestelde beveiligingseisen, net zoals bij interne ontwikkeling het geval zou zijn.

Aantekeningen:

Beheersmaatregel 8.31 Scheiden van ontwikkel-, test- en productieomgevingen

Ontwikkel-, test- en productieomgevingen behoren te worden gescheiden en beveiligd. Het scheiden van deze omgevingen zorgt ervoor dat ongewenste wijzigingen in de productieomgeving worden voorkomen, wat de beschikbaarheid en stabiliteit van de productieomgeving waarborgt. Door deze scheiding kan elke omgeving zijn eigen specifieke configuraties en beveiligingsinstellingen hebben, passend bij het doel waarvoor de omgeving wordt gebruikt.

Verplichte overheidsspecifieke maatregelen

8.31.01 In de productieomgeving wordt niet getest. Alleen met voorafgaande goedkeuring door de proceseigenaar kan hiervan worden afgeweken.

8.31.02 Significante wijzigingen in de productieomgeving worden altijd getest voordat zij in productie gebracht worden. Alleen met voorafgaande goedkeuring door de proceseigenaar kan hiervan worden afgeweken.

Voorbeeld van een beheersmaatregel:

Binnen een organisatie worden drie duidelijk gescheiden omgevingen onderhouden: een ontwikkelomgeving, een testomgeving en een productieomgeving. In de ontwikkelomgeving kunnen ontwikkelaars nieuwe functionaliteiten ontwikkelen en testen in een gecontroleerde omgeving zonder dat dit invloed heeft op de bedrijfsprocessen. Na afronding van de ontwikkeling worden deze functionaliteiten overgezet naar de testomgeving, waar ze worden onderworpen aan uitgebreide beveiligingstests en functionele tests. Pas na goedkeuring worden de wijzigingen in de productieomgeving geïmplementeerd. Hierdoor wordt voorkomen dat ongeteste of instabiele functionaliteiten per ongeluk in de productieomgeving terechtkomen. Testen in de productieomgeving is niet toegestaan, tenzij dit vooraf is goedgekeurd door de proceseigenaar, wat een extra controlelaag toevoegt aan de beveiliging en stabiliteit van de operationele systemen.

Programma

- Algemeen
- Module 1: Begrippen en inleiding BIO
- Module 2: Organisatorische maatregelen
- Module 3: Fysieke en mensgerichte maatregelen
- ● Module 4: Technologische maatregelen

Aantekeningen:

Beheersmaatregel 8.32 Wijzigingsbeheer
Wijzigingen in informatieverwerkende faciliteiten en informatiesystemen behoren onderworpen te zijn aan procedures voor wijzigingsbeheer. Dit waarborgt dat wijzigingen zorgvuldig worden gepland, getest en goedgekeurd, zodat de systemen veilig en beschikbaar blijven.

Verplichte overheidsspecifieke maatregelen
8.32.01 In de procedure voor wijzigingsbeheer is minimaal aandacht besteed aan:
•Het administreren van wijzigingen, inclusief testresultaten.
•Risicoafweging van mogelijke gevolgen, inclusief rollbackplan.
•Goedkeuringsprocedure voor wijzigingen.
8.32.02 Wijzigingsbeheer vindt plaats op basis van een algemeen geaccepteerd beheerraamwerk.

Voorbeeld van een beheersmaatregel:
Bij een wijziging in een informatiesysteem wordt deze eerst geregistreerd en getest in een aparte omgeving.

De testresultaten worden gedocumenteerd, en er wordt een risicoanalyse uitgevoerd met een rollbackplan voor eventuele problemen.

Pas na goedkeuring door het wijzigingscomité wordt de wijziging in de productie geïmplementeerd.

Hierdoor wordt de stabiliteit en veiligheid van het systeem gewaarborgd.

Programma

- Algemeen
- Module 1: Begrippen en inleiding BIO
- Module 2: Organisatorische maatregelen
- Module 3: Fysieke en mensgerichte maatregelen
- ● Module 4: Technologische maatregelen

Bescherming van Testgegevens

Testgegevens dienen zorgvuldig te worden geselecteerd, beschermd en beheerd.

Dit is essentieel voor de betrouwbaarheid van de testen en de veiligheid van de informatiesystemen.

De keuze van de juiste testgegevens is cruciaal. Deze gegevens moeten representatief zijn voor de werkelijke data die in het systeem wordt verwerkt.

Daarnaast is het van belang om de testgegevens te beschermen tegen ongeoorloofde toegang, aanpassing of verwijdering.

Aantekeningen:

Beheersmaatregel 8.33 Testgegevens
Testgegevens behoren op passende wijze te worden geselecteerd, beschermd en beheerd. Dit zorgt ervoor dat gevoelige informatie tijdens het testen van systemen en toepassingen niet blootgesteld wordt en dat testgegevens voldoen aan de vereisten voor beveiliging en privacy.

Verplichte overheidsspecifieke maatregelen
8.33.01 Als de beheersmaatregel van toepassing is dan moet gebruik worden gemaakt van de bijbehorende implementatieaanwijzing uit de ISO 27002. Afwijken of niet toepassen van de bovenliggende beheersmaatregel moet worden onderbouwd met een risicoanalyse en de referentie naar deze analyse moet in een bijlage met uitzonderingen worden opgenomen in de Verklaring van Toepasselijkheid.

Voorbeeld van een beheersmaatregel:
Bij het testen van een nieuw softwaresysteem gebruikt een organisatie geanonimiseerde gegevens in plaats van echte klantgegevens.

De testgegevens worden zorgvuldig geselecteerd om ervoor te zorgen dat er geen gevoelige informatie wordt blootgesteld.

Daarnaast worden deze gegevens beschermd door encryptie, en is er alleen toegang voor geautoriseerd personeel.

Op deze manier worden privacyrisico's beperkt en blijft de veiligheid van gevoelige informatie gewaarborgd tijdens de testfase.

Bescherming van Informatiesystemen tijdens Audits

Tijdens audits dienen tests en andere activiteiten die betrekking hebben op operationele systemen zorgvuldig te worden gepland in overleg tussen de tester en het verantwoordelijke management.

De implementatie van deze beheersmaatregel vereist het gebruik van de bijbehorende implementatieaanwijzing uit ISO 27002. Afwijkingen of niet-toepassing moeten worden onderbouwd met een risicoanalyse, die in de Verklaring van Toepasselijkheid wordt geregistreerd.

Aantekeningen:

Beheersmaatregel 8.34 Bescherming van informatiesystemen tijdens audits

Audittests en andere auditactiviteiten waarbij operationele systemen worden beoordeeld, behoren te worden gepland en overeengekomen tussen de tester en het verantwoordelijke management. Dit helpt om de risico's van verstoringen in operationele systemen tijdens een audit te minimaliseren.

Verplichte overheidsspecifieke maatregelen

8.34.01 Als de beheersmaatregel van toepassing is dan moet gebruik worden gemaakt van de bijbehorende implementatieaanwijzing uit de ISO 27002. Afwijken of niet toepassen van de bovenliggende beheersmaatregel moet worden onderbouwd met een risicoanalyse en de referentie naar deze analyse moet in een bijlage met uitzonderingen worden opgenomen in de Verklaring van Toepasselijkheid.

Voorbeeld van een beheersmaatregel:

Bij het uitvoeren van een audit van een operationeel systeem maakt een organisatie vooraf duidelijke afspraken tussen de auditor en het verantwoordelijke management.

Er wordt een plan opgesteld waarin staat wanneer de tests zullen worden uitgevoerd, welke systemen worden beoordeeld en hoe eventuele risico's op verstoring worden geminimaliseerd.

Zo kan bijvoorbeeld worden afgesproken dat tests alleen worden uitgevoerd buiten piekuren om de impact op de bedrijfsvoering te beperken.

Hierdoor wordt de kans op verstoringen tijdens de audit verkleind en blijft de operationele

Programma

- Algemeen
- Module 1: Begrippen en inleiding BIO
- Module 2: Organisatorische maatregelen
- Module 3: Fysieke en mensgerichte maatregelen
- Module 4: Technologische maatregelen

CBP-foundation samenvatting

In deze training zijn alle onderwerpen van de BIO naar de praktijk gebracht. De volgende onderwerpen worden hierna kort samengevat:

- Begrip van de BIO in de Praktijk
- Toepassing van een Risicogestuurde Aanpak
- Versteviging van Beveiligingsbeleid
- Vergroting van Eigen Verantwoordelijkheid
- Voorbereiding op Toekomstige Uitdagingen

Aantekeningen:

Programma

- Algemeen
- Module 1: Begrippen en inleiding BIO
- Module 2: Organisatorische maatregelen
- Module 3: Fysieke en mensgerichte maatregelen
- Module 4: Technologische maatregelen

Begrip van de BIO in de Praktijk

De training heeft inzicht geboden in hoe de BIO werkt in de dagelijkse praktijk.

Als deelnemer heb je geleerd hoe het normenkader toegepast wordt binnen een overheidsorganisatie, en hoe je hiermee aan de slag kan om processen en systemen beter te beveiligen. Dit maakt de complexe materie concreet en toepasbaar.

Aantekeningen:

Programma

- Algemeen
- Module 1: Begrippen en inleiding BIO
- Module 2: Organisatorische maatregelen
- Module 3: Fysieke en mensgerichte maatregelen
- Module 4: Technologische maatregelen

Toepassing van een Risicogestuurde Aanpak

Door deel te nemen heb je inzichten gekregen in het belang van het uitvoeren van risicoanalyses.

Dit heeft jullie geleerd om beveiligingsrisico's systematisch te identificeren, prioriteren en mitigerende maatregelen te implementeren die specifiek zijn afgestemd op jullie organisatie.

Aantekeningen:

Programma

- Algemeen
- Module 1: Begrippen en inleiding BIO
- Module 2: Organisatorische maatregelen
- Module 3: Fysieke en mensgerichte maatregelen
- Module 4: Technologische maatregelen

Versterking van Beveiligingsbeleid

De training heeft duidelijk gemaakt hoe de BIO kan bijdragen aan het versterken van het beveiligingsbeleid.

Door praktijkvoorbeelden te analyseren, heb je zelf kunnen ontdekken hoe je beleid kan vertalen naar acties, door zelf aan de slag te gaan met het opzetten van een ISMS.

Aantekeningen:

Vergroting van Eigen Verantwoordelijkheid

Een belangrijk inzicht is het belang van eigenaarschap binnen informatiebeveiliging.

De training heeft benadrukt hoe medewerkers op alle niveaus een rol spelen in het beschermen van informatie, en hoe duidelijke governance kan bijdragen aan betere samenwerking en naleving van de BIO.

Aantekeningen:

Programma

- Algemeen
- Module 1: Begrippen en inleiding BIO
- Module 2: Organisatorische maatregelen
- Module 3: Fysieke en mensgerichte maatregelen
- Module 4: Technologische maatregelen

Toekomstbestendige Informatiebeveiliging

Als deelnemer heb je gezien hoe de BIO je kan voorbereiden op toekomstige uitdagingen zoals strengere regelgeving, technologische ontwikkelingen, en de toenemende dreiging van cybercriminaliteit. Je bent nu beter uitgerust om deze veranderingen proactief te benaderen.

Aantekeningen:

Aantekeningen:

Programma

- Algemeen
- Module 1: Begrippen en inleiding BIO
- Module 2: Organisatorische maatregelen
- Module 3: Fysieke en mensgerichte maatregelen
- Module 4: Technologische maatregelen

Vervolg training

Certified BIO Professional

CBP Foundation	CBP Practicioner
2-daagse training	3-daagse training
Weinig voorkennis BIO	Voorkennis BIO (Foundation level)
Theoretisch (deels praktijkopdrachten)	Praktijkopdrachten (weinig theoretisch)

Aantekeningen:

Programma

- Algemeen
- Module 1: Begrippen en inleiding BIO
- Module 2: Organisatorische maatregelen
- Module 3: Fysieke en mensgerichte maatregelen
- Module 4: Technologische maatregelen

Aantekeningen:

Praktijkopdracht 1: Risicoanalyse van een nieuw Document Management Systeem (DMS)

Casus

De Gemeente Rivierwaard wil een nieuw Document Management Systeem (DMS) invoeren voor haar afdeling Facilitaire Zaken. De afdeling Facilitaire Zaken is verantwoordelijk voor het beheer van gebouwen, het organiseren van werkplekken en het coördineren van ondersteunende diensten zoals schoonmaak en catering. Het nieuwe DMS is bedoeld om de interne processen van de afdeling te verbeteren door een centrale plek te bieden voor documentopslag en -beheer. Medewerkers van Facilitaire Zaken kunnen via het DMS documenten opslaan, delen en versiebeheer toepassen. Dit moet de samenwerking binnen de afdeling en de toegankelijkheid van informatie verbeteren.

Het DMS zal worden gebruikt voor het beheren van documenten zoals werkroosters voor schoonmaakpersoneel, vergadernotities, interne werkinstructies en contracten met leveranciers. Deze documenten zijn belangrijk voor een efficiënte bedrijfsvoering, maar bevatten geen zeer gevoelige informatie zoals persoonsgegevens van burgers of staatsgeheimen. Het systeem bevat interne beleidsstukken en operationele richtlijnen die nodig zijn voor het goed functioneren van de afdeling. Wel is het van belang dat de documenten betrouwbaar zijn (integriteit) en dat medewerkers er toegang toe hebben wanneer dat nodig is (beschikbaarheid).

Het systeem wordt uitsluitend intern gebruikt binnen de afdeling Facilitaire Zaken, maar er zijn wel verschillende medewerkers en managers die toegang nodig hebben. Daarnaast zijn er koppelingen met andere systemen binnen de gemeente, zoals het HR-systeem voor het bijhouden van personeelsinformatie en het financieel systeem voor het beheren van contracten en budgetten. Deze koppelingen maken het belangrijk om de beveiliging van het DMS goed in kaart te brengen, zodat ongeautoriseerde toegang wordt voorkomen en gegevens op een veilige manier worden uitgewisseld.

De invoering van het nieuwe DMS is een samenwerking tussen de afdeling Facilitaire Zaken, de IT-afdeling van de gemeente, en een externe leverancier die verantwoordelijk is voor de implementatie van het systeem. Er is nog geen gedetailleerde risicoanalyse uitgevoerd, en het management van de afdeling Facilitaire Zaken wil zeker weten dat de belangrijkste risico's op het gebied van informatiebeveiliging worden geïdentificeerd en beheersbaar gemaakt voordat het systeem in gebruik wordt genomen. Het is daarbij belangrijk om rekening te houden met zowel technische als organisatorische aspecten, zoals de toegang tot het systeem, de opleiding van medewerkers en het beheren van verschillende versies van documenten.

Opdrachtomschrijving

Jullie werken als een team aan de invoering van dit nieuwe DMS en zijn gevraagd om een risicoanalyse uit te voeren, specifiek gericht op informatiebeveiliging. De focus ligt op het identificeren van mogelijke risico's die samenhangen met de invoering en het gebruik van dit nieuwe systeem, en het ontwikkelen van maatregelen om deze risico's te mitigeren. Het doel is om te zorgen dat het systeem veilig wordt ingevoerd en dat de belangrijkste risico's beheersbaar zijn.

Werkwijze

De opdracht zal in groepsverband worden uitgevoerd. Jullie moeten samen een plan van aanpak presenteren over hoe de risicoanalyse uit te voeren. Dit plan van aanpak moet minimaal de volgende onderdelen bevatten:

1. **Contextbepaling**: Breng de context van het nieuwe DMS in kaart. Welke afdelingen gaan het gebruiken, wat voor soort informatie wordt er opgeslagen, en wat zijn de belangrijkste eisen met betrekking tot de beschikbaarheid, integriteit en vertrouwelijkheid van de informatie?

   Stappenplan Contextbepaling

   - Bepaal welke afdelingen betrokken zijn bij het gebruik van het DMS.
   - Inventariseer het type informatie dat in het DMS wordt opgeslagen (zie Bijlage 1 voor een voorbeeldlijst van informatiecategorieën).
   - Analyseer de eisen met betrekking tot beschikbaarheid, integriteit en vertrouwelijkheid van de opgeslagen informatie (zie Bijlage 2 voor definities van Beschikbaarheid, Integriteit en Vertrouwelijkheid).
   - Presenteer de bevindingen volgens deze matrix.

   Voorbeeldmatrix Beschikbaarheid, Integriteit en Vertrouwelijkheid (BIV)

Informatiecategorie	Beschikbaarheid (B)	Integriteit (I)	Vertrouwelijkheid (V)
Werkroosters schoonmaak			
Vergadernotities			
Interne werkinstructies			
Contracten met leveranciers			
...			

2. **Stakeholderanalyse**: Identificeer welke stakeholders binnen de organisatie relevante informatie kunnen verschaffen over de risico's en eisen rondom het DMS. Denk hierbij aan afdelingshoofden, IT-beheerders, security officers en eindgebruikers.

   Stappenplan Stakeholderanalyse

   - Identificeer de relevante stakeholders (zoals afdelingshoofden, IT-beheerders, eindgebruikers).
   - Breng in kaart welke informatie elke stakeholder kan bijdragen aan het proces.
   - Presenteer de rol en de input van de top 5 relevante stakeholders.

3. **Informatie-inwinning**: Bepaal op welke manier jullie informatie gaan verzamelen over de mogelijke risico's. Dit kan bijvoorbeeld door middel van interviews, enquêtes of workshops met de stakeholders.

Stappenplan Informatie-inwinning

- Kies methoden voor informatie-inwinning (interviews, enquêtes, workshops).
- Bereid vragen voor die tijdens de interviews of enquêtes gesteld moeten worden.
- Plan afspraken met de stakeholders voor interviews of workshops.

Let op: hoewel dit een essentiële stap is in een volledige risicoanalyse, is stap 3 geen onderdeel van de praktijkopdracht en hoeft deze niet opgenomen te worden in de presentatie.

4. **Risico-identificatie en -analyse**: Inventariseer mogelijke risico's met betrekking tot het DMS. Denk hierbij aan risico's zoals ongeautoriseerde toegang tot documenten, verlies van gegevens, of menselijke fouten bij het gebruik van het systeem. Analyseer de kans dat deze risico's zich voordoen en de mogelijke impact op de organisatie.

Stappenplan Risico-identificatie en -analyse

- Maak een lijst van de mogelijke risico's die samenhangen met het gebruik van het DMS (zie Bijlage 2 voor een voorbeeldlijst van mogelijke risico's).
- Analyseer elk risico op basis van waarschijnlijkheid en impact.
- Gebruik een risicomatrix om de risico's te prioriteren.
- Presenteer de top 5 van de geïdentificeerde risico's en hun prioriteit.

Voorbeeld Risicomatrix Gebruik de onderstaande risicomatrix om de waarschijnlijkheid en impact van elk risico te analyseren:

Risico	Waarschijnlijkheid (1-5)	Impact (1-5)	Risicoscore (Waarschijnlijkheid x Impact)
Ongeautoriseerde toegang			
Verlies van gegevens			
Menselijke fouten			
Falen van systeemkoppelingen			
...			

5. **Risicobeheersmaatregelen**: Stel mogelijke maatregelen voor om de geïdentificeerde risico's te beperken. Bijvoorbeeld door het invoeren van toegangsbeheer, training van gebruikers of het implementeren van back-upprocedures.

   Stappenplan Risicobeheersmaatregelen

   - Bepaal voor de top 5 risico's de mogelijke maatregelen om het risico te beperken (zie Bijlage 4 voor een voorbeeldlijst van mogelijke maatregelen).
   - Evalueer de haalbaarheid en effectiviteit van de voorgestelde maatregelen.
   - Selecteer de meest geschikte maatregelen voor implementatie.
   - Presenteer de gekozen maatregelen en de bijbehorende acties.

6. **Presentatie**: Werk de resultaten van de risicoanalyse uit en presenteer deze aan de andere deelnemers. Zorg ervoor dat het plan van aanpak, de risicoanalyse en de voorgestelde beheersmaatregelen duidelijk worden gepresenteerd.

   Stappenplan Presentatie

   - Werk de resultaten van de risicoanalyse overzichtelijk uit.
   - Maak een presentatie waarmee je een toelichting kunt geven op: Context, stakeholders, risico's en maatregelen
   - Verdeel de presentatieonderdelen onder de teamleden.
   - Ieder teamlid presenteert. Zorg voor duidelijke en bondige communicatie.

Resultaat

- Het eindproduct van deze opdracht is een presentatie van een plan van aanpak van maximaal 2 flip-over bladen of 5 sheets (PowerPoint).
- De presentatie dient duidelijk te maken welke stappen jullie hebben genomen, welke risico's jullie hebben geïdentificeerd, en hoe jullie deze denken te beheersen.
- De tijdsindicatie voor het maken van de presentatie is ongeveer 1,5 uur en voor het geven van de presentatie 15 minuten .

Beoordeling

De opdracht kent geen klassieke beoordeling, maar gaat uit van het principe dat iedereen die actief meedoet iets van elkaar leert. De een heeft wellicht meer inhoudelijke kennis dan de ander. Als je meer kennis hebt, is je leerdoel om die kennis goed over te brengen naar je teamgenoten. Heb je minder kennis, probeer dan door te vragen en actief mee te denken om zo je eigen kennis te vergroten. De nadruk ligt op samenwerking, wederzijds begrip en gezamenlijke groei in het begrijpen en beheersen van risico's.

Leerdoelen

- Ervaring opdoen met het uitvoeren van een risicoanalyse in de context van een overheidsinformatiesysteem.

- Leren om effectief samen te werken en verschillende stakeholders te betrekken bij een informatiebeveiligingsvraagstuk.
- Ontwikkelen van een plan van aanpak voor een risicoanalyse en het presenteren van de resultaten op een heldere manier.

Praktische aanwijzingen

- **Samenwerken**: Houd er rekening mee dat een risicoanalyse geen exacte wetenschap is. De uitkomst van een risicoanalyse is het resultaat van gesprekken met betrokkenen, gebaseerd op hun kennis en kunde op dat moment in de tijd. Openstaan voor andere zienswijzen en perspectieven kan de kwaliteit van de risicoanalyse verbeteren en zorgt ook voor meer draagvlak wanneer er maatregelen getroffen moeten worden. Samenwerking en diversiteit in inzichten dragen bij aan een vollediger beeld van de risico's en de beste manier om deze aan te pakken.
- **Werken onder tijdsdruk:** In werkelijkheid zou het uitvoeren van een risicoanalyse van een DMS aanzienlijk meer tijd vergen dan de tijd die in deze opdracht beschikbaar is. Het doel van deze oefening is dan ook niet perfectie, maar het versneld kennismaken met het gehele proces van het doorlopen van een risicoanalyse voor informatiebeveiliging. Door onder tijdsdruk te werken, kun je leren prioriteiten te stellen en de belangrijkste stappen in het proces te doorlopen. Het gaat hierbij niet om goed of fout, maar om een breed begrip van het proces en het versterken van je samenwerking en communicatieve vaardigheden.
- **De boodschap goed overbrengen:** Bij het presenteren van een risicoanalyse is het belangrijk dat je helder en overtuigend communiceert. Zorg ervoor dat je boodschap duidelijk overkomt, dat de structuur van je presentatie logisch is. Verplaats je in de ontvanger van de boodschap (het management) en stem je uitleg af op hun belevingswereld.

Bijlage 1: Voorbeeldlijst Informatiecategorieën

Hieronder vinden jullie een lijst van informatiecategorieën. Selecteer welke informatiecategorieën relevant zijn voor de casus van de afdeling Facilitaire Zaken. Let op: sommige categorieën zijn niet relevant en bevatten bijvoorbeeld gevoelige persoonsgegevens die niet in het DMS worden verwerkt.

1. Werkroosters schoonmaakpersoneel
2. Contracten met leveranciers
3. Interne werkinstructies
4. Vergadernotities
5. Beleidsstukken interne communicatie
6. Persoonsgegevens medewerkers (bijv. salarisinformatie)
7. Projectplannen voor gemeentelijke infrastructuur
8. Leveranciersbetalingen
9. Openbare vergaderstukken
10. Inkoopfacturen voor schoonmaakmiddelen
11. Verwerkersovereenkomsten met derde partijen
12. Burgerservicenummers (BSN) van gemeenteleden
13. Technische handleidingen voor apparatuur
14. Jaarverslagen van de gemeente
15. Interne memo's over werkplanning
16. Correspondentie met schoonmaakbedrijven
17. Incidentmeldingen van apparatuurstoringen
18. Verkeersgegevens binnen de gemeente
19. Onderhoudsverslagen van gemeentelijke gebouwen
20. Planning voor facilitaire onderhoudswerkzaamheden
21. Anders?

Bijlage 2: Definities Beschikbaarheid, Integriteit en Vertrouwelijkheid (BIV)

- **Laag**: De impact van een verstoring is beperkt. Het verlies van beschikbaarheid, integriteit of vertrouwelijkheid leidt niet tot ernstige gevolgen voor de organisatie. Documenten zijn tijdelijk niet beschikbaar, of fouten kunnen snel worden hersteld zonder grote impact.
- **Midden**: De impact van een verstoring is merkbaar. Het verlies van beschikbaarheid, integriteit of vertrouwelijkheid heeft een directe invloed op de bedrijfsvoering en kan leiden tot vertragingen of fouten die tijd en middelen kosten om te corrigeren.
- **Hoog**: De impact van een verstoring is ernstig. Het verlies van beschikbaarheid, integriteit of vertrouwelijkheid heeft een aanzienlijke impact op de bedrijfsvoering, reputatie of financiën

van de organisatie. Onjuiste of ontbrekende informatie kan leiden tot grote problemen of risico's voor de organisatie.

Bijlage 3: Voorbeeldlijst Risico's

Hieronder staat een lijst van mogelijke risico's met betrekking tot het gebruik van het DMS. Kies welke risico's relevant zijn voor de casus van de afdeling Facilitaire Zaken. Kies zorgvuldig de juiste informatiecategorieën en risico's die betrekking hebben op deze casus, en let op irrelevante of foutieve opties die zijn opgenomen om jullie kritisch denkvermogen te testen.

1. Ongeautoriseerde toegang tot documenten
2. Verlies van gegevens door onvoldoende back-ups
3. Menselijke fouten bij het invoeren van documentgegevens
4. Ransomware-aanval op het DMS
5. Falen van systeemkoppelingen met HR- of financieel systeem
6. Onjuist versiebeheer van documenten
7. Diefstal van fysieke apparaten met toegang tot het DMS
8. Onvoldoende netwerkcapaciteit voor toegang tot het DMS
9. Verlies van gevoelige persoonsgegevens van burgers
10. Onvoldoende getrainde medewerkers in het gebruik van het DMS
11. Misbruik van bevoegdheden door medewerkers
12. Uitzending van onjuiste informatie naar externe partijen
13. Falen van automatische updates en beveiligingspatches
14. Onvoldoende fysieke beveiliging van werkplekken
15. Verkeerde configuratie van toegangsrechten
16. Uitvallen van elektriciteit waardoor het systeem onbeschikbaar is
17. Onvoldoende logging van toegangspogingen
18. Gevoeligheid voor phishing-aanvallen op medewerkers
19. Gebrek aan naleving van interne richtlijnen voor documentbeheer
20. Onvoldoende beveiliging van gekoppelde systemen
21. Anders?

Bijlage 4: Voorbeeld beheersmaatregelen per risico

Hieronder vinden jullie voor elk van de in Bijlage 3 opgenomen risico's een bijbehorende set met mogelijke beheersmaatregelen:

1. **Ongeautoriseerde toegang tot documenten**
    - Invoeren van strikte toegangscontrole (gebruikersrechten beperken).
    - Regelmatige audits van toegangsrechten.
    - Gebruik van multi-factor authenticatie (MFA).

2. **Verlies van gegevens door onvoldoende back-ups**
    - Implementeren van een dagelijkse back-upstrategie.
    - Regelmatig testen van het herstelproces van de back-ups.
    - Gebruik van redundante opslaglocaties voor back-ups.

3. **Menselijke fouten bij het invoeren van documentgegevens**
    - Training van medewerkers in correcte invoerprocedures.
    - Invoeren van een validatiesysteem om fouten te detecteren.
    - Regelmatige controles door een tweede medewerker (vier-ogen-principe).

4. **Ransomware-aanval op het DMS**
    - Implementeren van anti-malware software en regelmatige updates.
    - Regelmatige back-ups maken en deze offline opslaan.
    - Medewerkers trainen in het herkennen van phishing-e-mails.

5. **Falen van systeemkoppelingen met HR- of financieel systeem**
    - Implementeren van monitoring voor systeemkoppelingen.
    - Gebruik maken van fallback-oplossingen bij koppelingen.
    - Samenwerken met leveranciers om regelmatig onderhoud en updates uit te voeren.

6. **Onjuist versiebeheer van documenten**
    - Invoeren van een geautomatiseerd versiebeheersysteem.
    - Training van medewerkers in correct versiebeheer.
    - Regelmatige controles op versies en revisies.

7. **Diefstal van fysieke apparaten met toegang tot het DMS**
    - Invoeren van encryptie voor gegevens op mobiele apparaten.
    - Gebruik maken van device management om apparaten op afstand te vergrendelen of wissen.
    - Medewerkers bewust maken van fysieke beveiligingsmaatregelen.

8. **Onvoldoende netwerkcapaciteit voor toegang tot het DMS**
    - Samenwerken met de IT-afdeling om netwerkcapaciteit te monitoren.
    - Invoeren van Quality of Service (QoS) om prioritair verkeer te garanderen.
    - Evalueren van de benodigde netwerkcapaciteit en uitbreiden indien nodig.

9. **Verlies van gevoelige persoonsgegevens van burgers**
    - Anonimiseren van persoonsgegevens.
    - Implementeren van encryptie voor gevoelige gegevens.
    - Regelmatige audits uitvoeren om te controleren op mogelijke overtredingen.

10. **Onvoldoende getrainde medewerkers in het gebruik van het DMS**
    - Organiseren van regelmatige trainingssessies voor gebruikers.
    - Ontwikkelen van handleidingen en instructievideo's.
    - Aanstellen van een supergebruiker binnen de afdeling voor ondersteuning.

11. **Misbruik van bevoegdheden door medewerkers**
    - Invoeren van logging en monitoring van gebruikersactiviteiten.
    - Regelmatige controle van logbestanden door een security officer.
    - Beperk toegang tot gevoelige functies tot alleen noodzakelijke medewerkers.
12. **Uitzending van onjuiste informatie naar externe partijen**
    - Invoeren van een goedkeuringsproces voor het verzenden van gevoelige informatie.
    - Training van medewerkers in het zorgvuldig omgaan met informatie.
    - Gebruik maken van sjablonen voor consistente communicatie.
13. **Falen van automatische updates en beveiligingspatches**
    - Implementeren van monitoring om te controleren op succesvolle updates.
    - Gebruik maken van een patchmanagementsysteem.
    - Regelmatige handmatige controle van updates door IT-personeel.
14. **Onvoldoende fysieke beveiliging van werkplekken**
    - Invoeren van beveiligingsmaatregelen zoals sloten en beveiligde toegang tot werkplekken.
    - Gebruik van kabelsloten voor laptops en andere apparaten.
    - Beperken van toegang tot kantoorruimtes tot bevoegde medewerkers.
15. **Verkeerde configuratie van toegangsrechten**
    - Regelmatige audits van gebruikersrechten en toegangsrollen.
    - Invoeren van een beleid voor minimale rechten (principle of least privilege).
    - Gebruik maken van een autorisatiesysteem om wijzigingen te documenteren.
16. **Uitvallen van elektriciteit waardoor het systeem onbeschikbaar is**
    - Implementeren van een noodstroomvoorziening (UPS) voor kritieke systemen.
    - Gebruik maken van een noodgenerator voor langdurige stroomuitval.
    - Regelmatig testen van de noodstroomvoorzieningen.
17. **Onvoldoende logging van toegangspogingen**
    - Invoeren van centrale logging voor alle toegangspogingen.
    - Gebruik maken van een Security Information and Event Management (SIEM) systeem.
    - Regelmatige evaluatie van de logbestanden door een security officer.
18. **Gevoeligheid voor phishing-aanvallen op medewerkers**
    - Regelmatige phishing-simulaties en trainingen voor medewerkers.
    - Implementeren van e-mailfiltering en anti-phishingmaatregelen.
    - Stimuleren van medewerkers om verdachte e-mails te melden.
19. **Gebrek aan naleving van interne richtlijnen voor documentbeheer**
    - Invoeren van interne audits om naleving te controleren.
    - Organiseren van bewustwordingssessies voor medewerkers.
    - Duidelijke documentatie van de richtlijnen en verplichtingen.
20. **Onvoldoende beveiliging van gekoppelde systemen**
    - Regelmatige pen-tests uitvoeren op gekoppelde systemen.
    - Gebruik maken van beveiligde verbindingen (zoals VPN of SSL/TLS).
    - Samenwerken met leveranciers om beveiligingsmaatregelen af te stemmen.

Praktijkopdracht 2: Ontwerp een Information Security Management System (ISMS)

Casus

Je bent aangesteld als Chief Information Security Officer (CISO) bij het Ministerie van Sociale Zaken en Werkgelegenheid in Den Haag. Dit ministerie is verantwoordelijk voor onder andere beleid rondom werkgelegenheid, sociale zekerheid en arbeidsomstandigheden. Het ministerie verwerkt en beheert gevoelige informatie, zoals beleidsdocumenten, subsidiedossiers en persoonsgegevens van burgers en organisaties.

Recent is uit een interne audit gebleken dat er nog verbeteringen nodig zijn op het gebied van informatiebeveiliging:

- Er is geen volledig overzicht van de informatiebeveiligingsmaatregelen die momenteel zijn ingevoerd.
- Het beleid is slechts deels afgestemd op de BIO.
- Er is onvoldoende bewustzijn bij medewerkers over het belang van informatiebeveiliging.
- Monitoring en controle op risico's worden onvoldoende uitgevoerd.

Opdrachtomschrijving

De directie heeft jou en je team gevraagd een Information Security Management System (ISMS) te ontwikkelen dat volledig in lijn is met de BIO. Dit ISMS moet bijdragen aan een structurele en continue verbetering van informatiebeveiliging binnen het ministerie. Als eerste stap moeten jullie een ISMS-stappenplan ontwerpen en uitwerken, waarna jullie dit presenteren aan het management.

Werkwijze

1. **Ontwerp het ISMS-stappenplan**
    - Gebruik de activiteiten in **Bijlage 1** als basis voor je stappenplan.
    - Ontwikkel een ISMS-stappenplan op basis van de Plan-Do-Check-Act (PDCA)-cyclus.
    - Plaats elke activiteit in de juiste fase van de PDCA-cyclus en zorg voor een logische en uitvoerbare volgorde binnen elke fase.
    - Zorg ervoor dat de activiteiten niet alleen in de juiste fase (Plan, Do, Check, Act) worden geplaatst, maar ook in een logische en uitvoerbare volgorde binnen elke fase. Denk hierbij aan prioriteiten en afhankelijkheden tussen activiteiten. Een goed gestructureerd plan is cruciaal voor een succesvolle uitvoering.
2. **Vul het stappenplan aan met ontbrekende activiteiten**
    - Identificeer activiteiten die nog ontbreken in **Bijlage 1**, maar volgens jou essentieel zijn voor een volledig BIO-stappenplan.
    - Voeg deze activiteiten toe en motiveer waarom ze belangrijk zijn.
3. **Toelichting per activiteit**
   Voorzie elke activiteit van een toelichting (zie **Bijlage 1,** kolom: Toelichting) waarin je antwoord geeft op de volgende vragen:

- **Wie** betrek je bij deze activiteit?
- Wat moet het **resultaat** zijn van de activiteit?
- Is er een **aanvullend plan** nodig?
- Wat is de **frequentie** waarop de activiteiten worden uitgevoerd?

4. Presentatie

- Werk de resultaten van het ISMS overzichtelijk uit.
- Werk een definitief ISMS-stappenplan uit en presenteer dit samen met je team aan de directie (fictief).
- Maak gebruik van visualisaties, zoals diagrammen, tabellen of een model dat de structuur en samenhang van het stappenplan visueel overzichtelijk weergeeft.
- Verplaats je in de ontvanger van de boodschap (het management) en stem je uitleg af op hun behoeften en verwachtingen.
- Verdeel de presentatieonderdelen onder de teamleden.
- Ieder teamlid presenteert. Zorg voor duidelijke en bondige communicatie.

Resultaat

- **Eindproduct**: Een presentatie van een plan van aanpak op maximaal 2 flip-over bladen of 5 PowerPoint-sheets.
- **Inhoud**: De presentatie dient duidelijk te maken:
  - Het ontwerp en de uitwerking van een praktisch en uitvoerbaar ISMS-stappenplan dat aansluit bij de Baseline Informatiebeveiliging Overheid (BIO).
- **Tijd**:
  - **Voorbereiding**: 1,5 uur voor het maken van de presentatie.
  - **Presentatie**: 15 minuten om de presentatie te geven.

Beoordeling

- De opdracht kent geen klassieke beoordeling, maar gaat uit van het principe dat iedereen die actief meedoet iets van elkaar leert. De een heeft wellicht meer inhoudelijke kennis dan de ander. Als je meer kennis hebt, is je leerdoel om die kennis goed over te brengen naar je teamgenoten. Heb je minder kennis, probeer dan door te vragen en actief mee te denken om zo je eigen kennis te vergroten. De nadruk ligt op samenwerking, wederzijds begrip en gezamenlijke groei in het begrijpen en beheersen van risico's.

Leerdoelen

- Ervaring opdoen met het ontwerpen van een ISMS in de context van een overheidsorganisatie.
- Leren om effectief samen te werken en verschillende stakeholders te betrekken bij een informatiebeveiligingsvraagstuk.

- Ontwikkelen van een plan van aanpak voor een ISMS en het presenteren van de resultaten op een heldere manier.

Praktische aanwijzingen

- **Samenwerken**: Houd er rekening mee dat het ontwerpen van een ISMS geen exacte wetenschap is. Het resultaat is afhankelijk van de context en de samenwerking met betrokkenen, gebaseerd op hun kennis en kunde op dat moment. Openstaan voor andere zienswijzen en perspectieven kan de kwaliteit van het ISMS verbeteren en zorgt ook voor meer draagvlak wanneer maatregelen moeten worden uitgevoerd. Samenwerking en diversiteit in inzichten dragen bij aan een vollediger beeld van de uitdagingen en de beste manier om deze aan te pakken.

- **Werken onder tijdsdruk:** In werkelijkheid zou het opzetten en implementeren van een ISMS in een overheidsorganisatie zoals een ministerie aanzienlijk meer tijd vergen dan de tijd die in deze opdracht beschikbaar is. Het doel van deze oefening is dan ook niet perfectie, maar het versneld kennismaken met het gehele proces van het ontwikkelen van een ISMS. Door onder tijdsdruk te werken, kun je leren prioriteiten te stellen en de belangrijkste stappen in het proces te doorlopen. Het gaat hierbij niet om goed of fout, maar om een breed begrip van het proces en het versterken van je samenwerking en communicatieve vaardigheden.

- **De boodschap goed overbrengen:** Bij het presenteren van het definitieve ISMS is het belangrijk dat je helder en overtuigend communiceert. Maak gebruik van visualisaties, zoals een model dat de structuur en samenhang van het stappenplan visueel overzichtelijk weergeeft. Zorg ervoor dat je boodschap duidelijk overkomt, dat je jouw keuzes kunt onderbouwen en dat de structuur van je presentatie logisch is. Verplaats je in de ontvanger van de boodschap (het management) en stem je uitleg af op hun belevingswereld.

Bijlage 1: Lijst met activiteiten

Nr.	Beschrijving activiteit	Fase (PDCA)	Toelichting
1	Communicatie en awareness creëren binnen de organisatie		
2	Goedkeuring van het budget voor implementatie		
3	Inrichten van een proces voor continue verbetering		
4	Verifiëren of de BIO van toepassing is		
5	Uitvoeren van directiebeoordelingen		
6	Vaststellen van meetbare doelstellingen voor informatiebeveiliging		
7	Evalueren en actualiseren van het verantwoordingskader		
8	Ontwerpen en beschrijven van het ISMS		
9	Uitvoeren van risicoanalyses en bepalen van te nemen maatregelen		
10	Documenteren en rapporteren van voortgang en verbeteringen aan management		
11	Vaststellen van monitoring-eisen en uitvoeren van monitoring		
12	Commitment van directie en management vaststellen		
13	Inrichten van een projectorganisatie en governance		
14	Aanpassen of ontwikkelen van beleid en procedures		
15	Opstellen en uitvoeren van een intern auditprogramma		
16	Uitvoeren van een gap-analyse op verplichte documentatie		
17	Implementeren van maatregelen uit het risicobehandelplan		
18	Bepalen van de context (stakeholders, eisen, wetten, normen)		

Bijlage 2: Toelichtingscategorieën met mogelijke betrokkenen

Categorie	Beschrijving
Wie	Welke personen of afdelingen moeten betrokken worden? Mogelijke betrokkenen zijn: - Directie - HR-afdeling - Communicatieafdeling - Financieel management - Juridische afdeling - Compliance officer - IT-afdeling - Risicomanagers - Afdelingshoofden - Externe partijen zoals auditors of consultants
Resultaat	Wat moet het resultaat of eindproduct van de activiteit zijn? Mogelijke resultaten zijn: - Bewustwording binnen de organisatie - Goedkeuring van budget - Draagvlak van directie en management - Structuur en rolverdeling binnen het project - Contextdocument of stakeholdersanalyse - SMART-doelstellingen voor informatiebeveiliging - Risicoanalyse met een lijst van maatregelen - ISMS-documentatie - Geactualiseerd verantwoordingskader - Rapportage van voortgang en verbeteringen - Monitoringrapporten - Auditrapporten - Beleid en procedures afgestemd op de BIO

Categorie	Beschrijving
	- Geïmplementeerde maatregelen
	- Directiebeoordelingsrapport
Plan	Is er een aanvullend plan nodig? Mogelijke plannen zijn:
	- Campagneplan voor bewustwording
	- Budgetaanvraag met specificaties
	- Governanceplan
	- Checklist voor BIO-toepasselijkheid
	- Verbeterprocesplan
	- Auditprogramma
	- Risicomanagementplan
	- Gap-analyseplan
	- Rapportageformat
	- Monitoringplan inclusief tools
	- ISMS-ontwerpplan
	- Doelenoverzicht gekoppeld aan de strategie
Frequentie	Hoe vaak moet de activiteit worden uitgevoerd? Mogelijke frequenties zijn:
	- Eénmalig
	- Jaarlijks
	- Periodiek (bijvoorbeeld kwartaal)
	- Doorlopend
	- Bij grote veranderingen of beleidswijzigingen
	- Naar behoefte

Made in the USA
Monee, IL
22 October 2026

66393217R00109